O PEQUENO MONGE E O TAL DO SILÊNCIO

CB052720

Dados Internacionais de Catalogação na Publicação (CIP)
(Câmara Brasileira do Livro, SP, Brasil)

Heyes, Zacharias
    O pequeno monge e o tal do silêncio / Zacharias Heyes ;
tradução Markus A. Hediger. – 1. ed. – Petrópolis, RJ : Editora
Vozes, 2021.

    Título original: Der Kleine Mönch und die Sache mit der
Stille
    Bibliografia
    ISBN 978-65-5713-179-4

    1. Cristianismo 2. Equilíbrio 3. Espiritualidade 4. Mística
5. Silêncio – Aspectos religiosos 6. Vida espiritual I. Hediger,
Markus A. II. Título.
21-57578   CDD-248.4

Índices para catálogo sistemático:
1. Espiritualidade e mística : Cristianismo 248.4

Maria Alice Ferreira – Bibliotecária – CRB-8/7964

Zacharias Heyes

O PEQUENO MONGE E O TAL DO SILÊNCIO

EDITORA VOZES

Petrópolis

© 2019, Vier-Türme GmBH, Verlag, Münsterschwarzach.

Tradução realizada a partir do original em alemão intitulado
Der kleine Mönch und die Sache mit der Stille

Direitos de publicação em língua portuguesa – Brasil:
2021, Editora Vozes Ltda.
Rua Frei Luís, 100
25689-900 Petrópolis, RJ
www.vozes.com.br
Brasil

CONSELHO EDITORIAL

Diretor
Gilberto Gonçalves Garcia

Editores
Aline dos Santos Carneiro
Edrian Josué Pasini
Marilac Loraine Oleniki
Welder Lancieri Marchini

Conselheiros
Francisco Morás
Ludovico Garmus
Teobaldo Heidemann
Volney J. Berkenbrock

Secretário executivo
João Batista Kreuch

Editoração: Maria da Conceição B. de Sousa
Diagramação: Sheilandre Desenv. Gráfico
Revisão gráfica: Alessandra Karl
Capa: Matthias E. Gahr
Adaptação de capa (versão em português): Érico Lebedenco
Ilustrações: Elli Bruder

ISBN 978-65-5713-179-4 (Brasil)
ISBN 978-3-7365-0280-2 (Alemanha)

Editado conforme o novo acordo ortográfico.

Este livro foi composto e impresso pela Editora Vozes Ltda.

A história do pequeno monge é narrada
por Matthias E. Gahr.

Sumário

Os primeiros raios do sol caloroso do verão atravessavam a janela e invadiam a pequena cozinha do mosteiro. O pequeno monge tentava capturar os flocos de poeira que dançavam na luz. Na verdade, ele estava retirando as migalhas da última refeição que ainda se encontravam na grande panela. A alça pesada do caldeirão caía de um lado para o outro e fazia muito barulho. O pequeno monge, inspirado pelo ritmo, começou a cantar alegremente, pulando de pé em pé. Foi justamente naquele momento que a cabeça do abade apareceu na porta da cozinha.

"Pai abade! [o pequeno monge exclamou com alegria], que bom ter vindo me visitar! Se tivesse imaginado que você viria, eu teria assado um pão com frutas e preparado um café! Está com sede? Quer um copo de leite? Ainda restaram algumas nozes da sobremesa. Ou prefere uma maçã?"

O abade se aproximou, assentiu com a cabeça, sentou-se à pequena mesa de madeira e pegou uma noz. "Eu vim [disse ele sem pressa] para ver como está o seu silêncio."

"Ah [disse o pequeno monge]. O silêncio, sim, é claro." Ele ficou um pouco envergonhado por ter cantado tão alto.

"O silêncio é precioso [continuou o abade]. Você deveria guardá-lo bem!"

Enquanto o pequeno monge refletia sobre as palavras do abade, este pegou mais uma noz, levantou-se, inclinou a cabeça para se despedir e saiu para o jardim do mosteiro.

O pequeno monge precisou de um tempinho para se dar conta de que o abade tinha saído. Então correu atrás dele e o alcançou junto à oliveira.

"Muito obrigado, meu pai abade [disse o pequeno monge], por sua visita!" Ele fez um gesto de profunda reverência, e o abade desapareceu atrás do muro alto do jardim em direção ao campo de morangos.

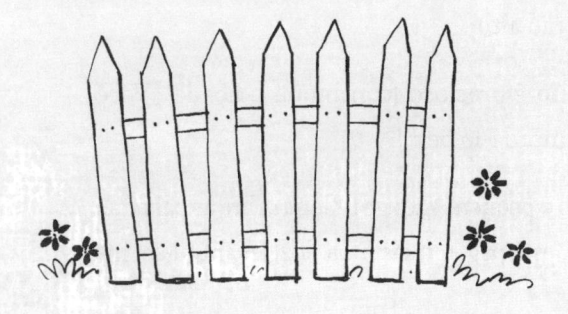

A BUSCA

Há muitos anos, vivo num mosteiro com muitos outros monges. Dia após dia, minha vida segue o mesmo ritmo regular: levantar, rezar, tomar café, trabalhar, rezar, almoçar, trabalhar, rezar, jantar, rezar, dormir.

Às vezes, porém, eu me pego pensando que minha vida é cansativa. Tudo ficou barulhento demais. Talvez, porque estou cercado de barulho – cada vez mais, como me parece. Celular, televisão, música – antigamente, nada disso existia no mosteiro. Juntam-se a isso os muitos e-mails que recebo diariamente. Pessoas que querem que eu lhes mostre o mosteiro, outras querem informações sobre uma estadia no mosteiro, ainda outras precisam urgentemente de uma conversa. Essas não são vozes audíveis, mas desejos de pessoas que são levados até mim e com os quais eu preciso me ocupar. Muitas vezes, isso me deixa mais inquieto do que quieto. Onde foi parar o meu amado silêncio? No silêncio – e esta sempre tem sido a minha percepção – podemos encontrar Deus; aquela coisa maior que é o centro da vida monástica. A pergunta que não se cala é: Como posso reencontrar o silêncio?

Os jovens que visitam nosso mosteiro e passam alguns dias conosco, ou até pensam em se tornar monge, também costumam mencionar seu anseio pelo silêncio, mas muitas vezes não sabem dizer exatamente o que esperam encontrar nele. Eles pensam que ali o silêncio deve existir mais do que tudo. Alguns imaginam que, em algum momento, no silêncio do mosteiro, o céu se abrirá, uma grande luz os envolverá e que eles nunca mais perderão essa paz. Essa ideia é uma fantasia e pouco tem a ver com a vida no mosteiro. Quando eu ainda era noviço, cumprir tarefas práticas me ajudava muito: fazer trabalhos de limpeza, cuidar do jardim, semear e colher. A fé – sempre me diziam na época – precisa resistir à prova diária. O silêncio verdadeiro precisa ser encontrado também entre baldes de limpeza e panelas no dia a dia, não só em momentos de oração e meditação.

E, no fundo, é exatamente isso que o pequeno monge pensa enquanto trabalha na cozinha, lavando as panelas e cantando de alegria. Ele só tinha se esquecido disso, e são as palavras do abade – "silêncio é precioso" – que o

lembraram. Mas resta a pergunta: O que é silêncio? É a ausência de ruídos ou é algo totalmente diferente? Será que o pequeno monge não pode encontrar silêncio também no meio do barulho que ele produz, um espaço no qual ele pode descobrir e perceber aquela coisa maior e estar próximo dela?

Mas não são apenas os jovens que cogitam a possibilidade de uma vida como monge que sentem esse anseio por silêncio. Ao conversar com hóspedes do mosteiro, muitos me dizem que gostariam de ter mais tempo para o silêncio e, assim, encontrar a si mesmos. Muitos pretendem começar isso no mosteiro. Tenho a impressão de que esse anseio tem se tornado mais forte nos últimos tempos e que um número cada vez maior de pessoas busca o silêncio. Muitas vezes, sua vida é definida por obrigações externas, por coisas que precisam ser feitas: vestir as crianças, preparar o café da manhã, trabalhar, voltar para casa, fazer compras, cozinhar, ajudar as crianças nas tarefas. E no dia seguinte tudo se repete. Não resta muito tempo para outras coisas, muito menos para o silêncio. Ao longo do dia somos obrigados a nos comunicar o tempo todo para que a frágil rotina não seja interrompida e tudo termine em caos.

Então muitos se perguntam: A vida é isso, esse dia a dia eternamente igual?

No entanto, percebo também que existe uma coisa que as pessoas que nos visitam não suportam: respostas prontas, não importa de quem. Elas querem encontrar suas próprias respostas. Nesse processo de busca eu posso ser conselheiro, ouvinte, espelho, mas não posso ser dogma, "máquina de respostas" que lhes dita como deverão agir ou pensar. Isso tem me levado a refletir sobre qual seria o primeiro passo em minha busca pelo silêncio, que eu também procuro muitas vezes.

Como em muitas outras questões, também encontro ajuda no fato de viver em uma comunidade que possui uma tradição muito antiga e descubro quase sempre que vale a pena investigar nossas próprias raízes: a tradição monástica e os escritos do fundador de nossa Ordem: São Bento de Núrsia.

A quietude

O abade disse ao pequeno monge que o silêncio é precioso. Ele percebeu que quase se esqueceu disso. Ele tinha feito barulho com as panelas e cantado a sua música.

Em sua regra, São Bento não se cansa de repetir que, no mosteiro, o silêncio sempre deve ser preservado. Para entendermos a sua preocupação, podemos começar com a seguinte declaração em sua regra: "Terminado o Ofício Divino, saiam todos com sumo silêncio e tenha-se reverência para com Deus" (Regra de São Bento [RB] 52,2). Quando entramos ou saímos de espaços em que fiéis de religiões diferentes celebram os seus cultos, nós costumamos ficar em silêncio para demonstrar o nosso respeito diante desse espaço e daquilo que acontece nele, porque tanto o espaço quanto as atividades que nele ocorrem são sagrados para os seguidores daquela religião. Nesse espaço, na oração comunitária ou individual, eles experimentam o encontro com Deus. Em nossos relacionamentos humanos sabemos que encontros profundos e intensivos podem deixar uma pessoa muda porque esses encontros não exigem palavras. Basta olhar para o outro e saber que ele está ali. Esses momentos são sagrados porque reconhecemos aquilo que torna o outro especial: esse ser humano não é apenas uma pessoa entre muitas outras – percebemos o "divino" nele.

Em momentos assim, não é preciso dizer nada. A qualidade de muitas amizades e relacionamentos se manifesta justamente no fato de que as pessoas envolvidas conseguem ficar caladas quando estão juntas. Muitas vezes, falamos porque acreditamos não aguentar o silêncio. Lembro-me de um casal que me contou que, quando se levantam pela manhã, a primeira coisa que fazem é tomar uma xícara de café; sentados lado a lado, em silêncio. Para eles, basta saber que o outro está ali e que eles podem começar o dia juntos. Eles sabem: não estou sozinho.

E é justamente isso que São Bento quer para o encontro e o relacionamento do monge com Deus. Para ele, Deus é aquele que está sempre presente. No Livro de Êxodo, na narrativa da sarça ardente, Deus revela seu nome a Moisés: "Eu Sou Aquele que Sou" (Ex 3,14). O monge é uma pessoa que sempre busca essa presença de Deus e que vive confiando nela. O que importa é perceber essa presença e se certificar dela. Isso não exige palavras; com Deus, tudo é dito na percepção silenciosa.

Para São Bento vale esta verdade: Deus também está sempre presente no confrade, na outra pessoa. Quando ele diz: "Cremos estar em toda parte a presença divina" (RB 19,1), isso vale para todas as pessoas. Em sua regra, menciona explicitamente o abade, que representa Cristo (RB 2,2); os confrades doentes, nos quais servimos a Cristo quando os ajudamos (RB 36,1-3); os confrades mais jovens, aos quais, às vezes, Deus revela o que é o certo (RB 3,3); e os hóspedes, que devem ser acolhidos como o próprio Cristo (RB 53,1-2).

Por isso, nos monges, antes de manifestarmos nossa irritação a um confrade devemos primeiramente contemplá-lo em silêncio e prestar-lhe reverência, porque Deus está presente nele. Somos rápidos em perceber no outro aquilo que não é perfeito e nos irritamos com seus erros e fraquezas. Jesus diz que nós vemos o cisco no olho do outro, mas ignoramos a trave (i. é, os erros) no nosso próprio olho (cf. Mt 7,3). Nesse sentido, São Bento diz que devemos evitar a fofoca, que provoca risadas e talvez faça com que o outro seja ridicularizado, caçoado ou até mesmo envergonhado. Ele diz: "Brincadeiras, palavras ociosas que provocam riso, condenamo-las em todos os lugares a uma eterna clausura" (RB 6,8).

Fofoca é o contrário de silêncio. Fofoqueiros são aqueles que conhecem todas as "novidades", acreditam em todos os boatos e os espalham, cometendo, assim, injustiças contra os outros, justamente por serem apenas boatos – muitas vezes sem conteúdo de verdade. Muitíssimas vezes, quando falamos do alheio apenas estamos querendo desviar a atenção de nós mesmos. É muito mais fácil falar mal do outro do que encarar as próprias fraquezas. Por isso, São Bento pede para que desistamos das conversas não saudáveis e, permanecendo calados, possamos concentrar nossa atenção em nós mesmos e em Deus, não correndo o perigo de condenar o outro. Aquele que permanece em silêncio e concentrado também consegue ouvir melhor o outro.

Hoje em dia, as pessoas estão expostas a muito palavreado, a muitas vozes. No restaurante, por exemplo, a TV permanece ligada o tempo todo, e nós somos interrompidos e confrontados com propaganda, música e notícias; enfim, bombardeados e sem possibilidade alguma de evitar toda essa atmosfera de barulho. No trem, a pessoa ao lado não para de falar ao telefone e de expor a sua interioridade aos outros passageiros. Nas paradas de ônibus, cartazes prendem a atenção dos transeuntes. Nos elevadores, restaurantes e comércio seus frequentadores podem ouvir música de fundo. Em nossa convivência diária somos obrigados a marcar compromissos e a chegar ao lugar certo e na hora certa. No trabalho, há falas desnecessárias, o falar por falar, apenas para preencher um vazio, evitando-se, assim, um silêncio desagradável. Em vista disso, nossos ouvidos, cérebro e coração são expostos cada vez mais àquilo que podem absorver e processar. Para São Bento, precisamos conter essa agitação exterior. Sua regra começa com a palavra: "Escuta!" (RB, prólogo 1), convidando-nos a ouvir nosso interior e encontrar a nós mesmos. Agindo dessa maneira podemos descobrir o que faz bem a nós mesmos e à nossa alma.

Em nossos cursos para jovens, nós os encorajamos a exercitar isso, dizendo-lhes: "Prestem atenção em vocês mesmos, ouçam o que se passa no interior, escutem para saber o que vocês necessitam e o que lhes faz bem". Isso, por exemplo, pode levar alguns deles, ao final de um dia de curso, a não se juntarem aos outros para conversar, mas preferirem fazer uma caminhada ou irem mais cedo para a cama.

Nem sempre é fácil praticar isso no dia a dia, até mesmo no mosteiro. Muitas vezes não sentimos a necessidade de nos retirar e encontrar o silêncio, de ouvir com atenção, até que, ao participarmos de um retiro, por

exemplo, nos damos conta de como somos cotidianamente expostos a ruídos.

A Regra de São Bento pretende dar ao monge justamente essa possibilidade: dar um passo para trás, retirar-se
da fofoca, calar-se para entrar em contato com o fundo de seu ser. São Bento não proíbe o falar equilibrado
nem deseja ser rígido. Em toda a sua regra, ele vislum-
bra o bem-estar do indivíduo. Para ele, o caminho do
monge para o silêncio e a quietude é um caminho que
leva à profundeza – ou, como ele diz, à vida.

O silêncio

Mas será que o desejo de São Bento é o mesmo que leva tantas pessoas a se hospedarem no mosteiro para fazerem a experiência do silêncio? Por que a procura pelo silêncio leva muitos a participarem de nossa vida de monge durante vários dias? Por que buscam interromper seu cotidiano passando por uma experiência no mosteiro? Seria porque querem que o mundo os deixe em paz por um tempo? Porque não desejam ouvir o mesmo tipo de coisa o tempo todo? Para se desobrigarem de responder a perguntas ou ter que interagir com colegas e funcionários? Ou será que esse anseio expressa o desejo de encontrar algo mais, algo que vá para além da ausência de barulho?

O pequeno monge também se pergunta: O que torna o silêncio tão precioso? Por que o abade chamou sua atenção para o silêncio? O que ele deve redescobrir, pois se sentiu muito bem cantando e fazendo barulho com as panelas? Sentir-se bem, não é o que importa?

Conheço pessoas que planejam minuciosamente passar uma curta temporada de silêncio no mosteiro. Deixam o celular em casa e pedem aos seus que somente telefonem para elas em casos muito urgentes, e utilizem o telefone do mosteiro. Elas têm necessidade de distância e de regeneração, estão buscando um caminho que as leve para as suas fontes de energia esgotadas nas exigências do dia a dia.

Outras percebem que lhes falta tempo para seguirem seu caminho espiritual; desejam ter tempo para entrar em contato com Deus e conversar com Ele. Essas pessoas entram no silêncio com intenção e concentração, leem a Bíblia, conversam com um monge para encontrar a si mesmas e a Deus.

Mas o silêncio "não é" simplesmente. Mesmo que muitos sintam dentro de si o anseio pelo silêncio, quando finalmente o encontram, a primeira coisa que surge é inquietação e nervosismo; o silêncio os assusta, pois inicialmente podem trazer à tona coisas dolorosas ou tristes. Há aqueles que mergulham no trabalho porque ainda não estão prontos para enfrentar um tema interior importante, para se concentrarem em si mesmos e seguir o anseio pelo silêncio. Encarar o silêncio e ouvir aquilo que levanta a voz em seu interior exige tempo e coragem.

Mas aqueles que ousam enfrentá-lo e o suportam podem experimentar grande mudança em seu interior, mesmo que nem sempre esse caminho seja simples ou lindo.

Lembro-me, por exemplo, de uma mulher que passou alguns dias conosco. Depois da morte de seu marido ela teve que organizar muitas coisas, e isso desviou sua atenção dos próprios sentimentos. Então resolveu se distanciar de tudo para encontrar um pouco de paz. Ela se surpreendeu com os "rios de lágrimas" que começaram a fluir, com o luto e a tristeza que levantaram sua voz. Finalmente, sentiu-se grata por ter suportado todo aquele desconforto, preparando para voltar à vida normal, mesmo sem o marido.

Também recebemos um hóspede que trabalhava na empresa do pai. Ele tinha uma família grande e era feliz; porém, de repente, não suportou mais. Aparentemente, tudo transcorria bem; sua esposa e seus filhos estavam bem de saúde, ele tinha casa própria, conseguia sustentar a família. Mesmo assim, faltava-lhe motivação. Na tranquilidade do mosteiro e através de conversas ele pôde perceber que, no fundo, ainda tentava satisfazer as expectativas do pai. Naquele ambiente de mosteiro ele conseguiu se distanciar do pai, que uma outra ocupação profissional talvez lhe trouxesse mais alegria. Eu o encorajei a conversar com sua família, expressando suas necessidades e buscando com ela uma solução para esse caso. Realmente, ele poderia ter maiores condições de cuidar de sua família se pudesse se dedicar de coração ao seu trabalho. Desse modo, seu trabalho poderia até dar energia para ele, e não desgastá-lo.

Em rotinas de vida cotidianamente estabelecidas carecemos de impulso, interno ou externo, para buscar o silêncio e ouvir o que se passa dentro de nós. É importante que nos perguntemos: O modo como vivo a minha vida ainda faz sentido? Algo estaria faltando?

As preocupações do dia a dia podem ocupar tanto a nossa atenção, que nem pensamos na necessidade do silêncio; aparentemente, não há lugar para ele. À semelhança do pequeno monge, ficamos tão ocupados em nossas atividades que precisamos ser chamados à necessidade de praticarmos o silêncio. O abade teve de lembrá-lo da preciosidade do silêncio; talvez todos nós necessitemos de alguém que nos aponte essa necessidade, de uma pessoa que "faça as vezes de abade" em minha vida. Talvez essa pessoa necessite de nossa permissão para isso.

Eu tive uma experiência de silêncio muito profunda e decisiva para a minha vida, inspirada inicialmente por um monge. Eu estava pensando na possibilidade de me tornar monge, mas ainda estava muito indeciso; ora pensava seguir minha vida por um caminho, ora por outro. Resolvi passar alguns dias no mosteiro para poder encontrar a resposta àquela dúvida que tanto me atormentava. Após algumas conversas com o meu conselheiro, ele me disse: "Bem, agora chegou a hora de você tomar uma decisão, e para isso precisa ouvir a voz em seu interior. Nós só voltaremos a nos falar quando você tomar uma decisão".

Aquilo foi como se eu tivesse levado um soco no estômago. Eu não queria ficar em silêncio, mas conversar! E eu não queria tomar aquela decisão sozinho, mas alguém ao meu lado para me aconselhar, tomando a decisão por mim. Repentinamente vieram à tona todas as minhas experiências de abandono e os sentimentos ligados a elas. Graças à minha tendência de exagerar, eram pelo menos mil situações a mais do que realmente tinham acontecido. Eu gostava de drama; ou melhor, de melancolia e encenação. Se eu não tivesse me tornado monge, uma carreira como ator teria sido uma ótima alternativa; mas aquilo não era uma pe-

ça de teatro, o que estava em jogo era nada mais nada menos do que a minha vida. Eu não tinha ninguém que pudesse me aconselhar, que abrisse o céu para mim, que invocasse um anjo ou algo parecido. Eu não queria estar sozinho, mas ali estava eu, completamente entregue a mim mesmo, só.

Eu não sabia o que fazer, muito menos como encontrar uma resposta sem conversar com outras pessoas. Ao mesmo tempo, eu era obrigado a tomar uma decisão no silêncio do meu coração. Lembrando-me de um ditado da minha tia falecida – "Garoto, primeiro tome uma xícara de café" –, eu queria desviar minha atenção, fugir; eu queria estar em outro lugar, muito longe dali. No mínimo, queria ir para a minha cama e esconder-me debaixo do cobertor. Decidirei amanhã, pensei; primeiramente preciso tomar um café, depois vou ouvir música, fazer compras, tomar uma taça de vinho... Cada um de nós tem os seus próprios métodos para evitar o confronto em situações desse tipo.

No fim, nada ajuda; é preciso enfrentar a situação e se concentrar. Então disse para mim mesmo: "Até agora, sempre acabou dando certo. E, no fundo, eu não estou tão sozinho assim. Deus está comigo. Pelo menos foi o que Ele disse a Moisés". Estava na hora de Deus fazer algo! Medidas de fortalecimento de confiança, como se diz nos grupos empresariais e organizacionais. Mesmo que Deus não seja um consultor de empresas, seria bom se Ele fizesse algo nesse sentido, pensei.

Finalmente consegui encarar a situação. Resolvi fazer uma caminhada e visitar um mosteiro feminino que fica numa pequena montanha a umas 3 horas de caminhada do mosteiro no qual atualmente resido. O caminho para ele passa por florestas, campos e vinhedos. Ao percorrê-lo, no silêncio da natureza, fui relaxando e me acalmando cada vez mais. Cheguei à igreja do mosteiro quando as monjas faziam a oração do meio-dia. Terminada a oração pude passar algum tempo em silêncio, que o ambiente proporcionava, e rezar sozinho. Naquele silêncio pude encontrar com uma clareza surpreendente a resposta à minha pergunta: o próximo passo é iniciar o caminho como monge e experimentá-lo. Isso me causou imediatamente grande alívio. Ainda me lembro muito bem do caminho de volta: animado e cantando. Seis meses depois coloquei em prática aquela experiência, ousando entrar para a vida monástica.

Talvez o pequeno monge tenha usado seu canto e o barulho das panelas como desculpa para desviar sua atenção, como proteção para não ter que encarar o seu interior. É verdade, ele não tinha de tomar uma decisão que mudasse a sua vida, mas nem sempre o silêncio está relacionado a coisas tão grandes. Às vezes, falta-nos apenas a possibilidade de propiciar espaço e tempo a nós mesmos, de entrar em contato conosco mesmos e, assim, igualmente dar espaço e tempo a tudo aquilo que ficou represado em nosso interior: lágrimas de luto, insatisfação com o trabalho, problemas com o próximo... O que precisamos fazer é dar o primeiro passo, mesmo que a problemática tenha surgido de forma inesperada ou que apenas tenhamos o desejo de nos silenciarmos para buscar em paz; embora possamos nos sentir inicialmente deconfortáveis, vale a pena o esforço.

Precisei tomar aquela xícara de café que minha tia tinha sugeria. Essa estratégia não significa exatamente um pretexto para desviar a atenção, mas pode ser o seu oposto. Pode ser que esse momento no qual nos sentamos para tomar café em paz seja o único momento do dia, no qual tudo se aquieta; quando faço uma pausa, na qual não penso em nada além de tomar um café. De vez em quando preciso ter a oportunidade de usufruir de paz e silêncio, esquecendo-me da necessidade de querer salvar o mundo e a mim próprio. Afinal de contas, após passar seis dias trabalhando duro para criar o mundo, Deus descansou no sétimo dia – mas confesso que não sei se existe o "momento do café" no céu.

"Com efeito, falar e ensinar compete ao mestre; ao discípulo convém calar e ouvir."

RB 6,6

"Às vezes, devem-se calar até mesmo as boas conversas."

RB 6,2

"O monge negue o falar de sua língua, entregando-se ao silêncio; nada diga, até que seja interrogado, pois mostra a Escritura que 'no muito falar não se foge do pecado'."

RB 7,56

"Terminado o Ofício Divino, saiam todos em sumo silêncio e tenha-se reverência para com Deus."

RB 52,2

Perguntas

Pergunte a si mesmo sobre qual o nível de barulho do seu dia a dia. Com qual das afirmações abaixo você se identifica mais?

❶ Meus ouvidos estão sempre ocupados: música, TV, telefone, YouTube, visita de algum amigo... E quando não ouço nada, eu canto – também no chuveiro!

❷ Conversar com os colegas ao telefone, com os filhos, com o/a cônjuge... Acho que essas coisas são necessárias e não que nada há de errado nelas. Mas, às vezes, ao fim do dia, desconecto-me de tudo e deixo meus ouvidos descansarem.

❸ Eu preciso tanto de "pausas de barulho" quanto preciso de sono. Se não conseguir me desligar de vez em quando, sem ouvir nada, eu me sentirei cansado e sem energia.

Exercícios

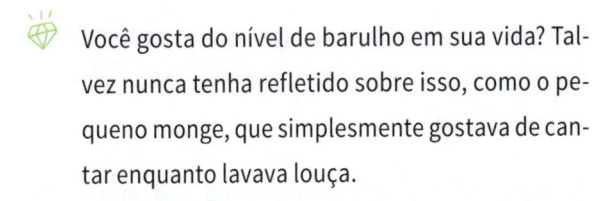 Você gosta do nível de barulho em sua vida? Talvez nunca tenha refletido sobre isso, como o pequeno monge, que simplesmente gostava de cantar enquanto lavava louça.

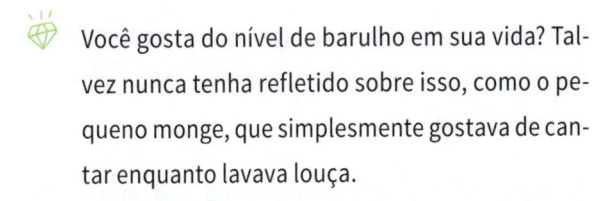 Como é um dia típico em sua vida? Anote o nível de "barulho" ou "silêncio" em seu cotidiano. Seu dia tem momentos de silêncio?

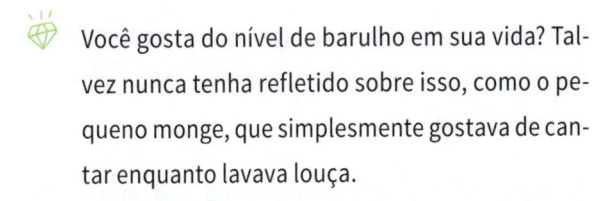 Você precisa deles?

 Você gosta deles e os aproveita?

O pequeno monge voltou para a cozinha, sentou-se à mesa e começou a refletir. "O silêncio é precioso", o abade tinha dito. "Mas como algo que só consiste na ausência de todas as outras coisas pode ser precioso?"

Ele se levantou, deu a volta na mesa e olhou pela janela para o jardim, foi até o crucifixo no canto da cozinha, deu outra volta na mesa e se sentou novamente para refletir.

"Cantar alegra o coração, mas rezar o torna piedoso. Conversar com outras pessoas mostra boa educação e permite que elas convivam bem entre si. Se eu tiver que praticar o silêncio e não puder cantar, meu coração ficará triste; se eu não puder rezar os salmos, Deus ficará triste; se eu não cumprimentar as pessoas, elas pensarão que sou rude, teimoso e mal-educado."

O pequeno monge ficou remoendo essas coisas durante muito tempo. Pouco antes da oração comunitária da noite ele tomou coragem e disse para si mesmo: "Tudo bem, então. Vou tentar!"

Então foi até a pia, pegou a grande panela – que já estava seca – com todo o cuidado para não fazer barulho, deitou sua alça com o maior silêncio possível e a guardou na prateleira.

Então tirou o avental, atravessou o pequeno refeitório a passos lentos, passou pelo claustro e foi até a igreja.

Juntamente com os outros monges, ele começou a cantar os salmos; mas em silêncio, só para si.

Durante os três dias seguintes ele não cantou durante o trabalho no jardim, não conversou com os confrades (ele lhes explicou o porquê por meio de gestos), e até cantou os salmos só interiormente. Para não ser cumprimentado pelas pessoas e não ter que conversar com elas, preferiu não ir até a aldeia que ficava próxima, apesar de ser dia de feira e ele precisar de alguns tomates frescos para a cozinha do mosteiro.

"Qual é o sentido de tudo isso?", pensou o pequeno monge. "Eu experimentei o silêncio e não descobri nada de precioso nele." Triste, decidiu procurar o abade na manhã seguinte para pedir conselho.

POR VONTADE PRÓPRIA

O pequeno monge experimentou o silêncio. Decidiu-se por ele após ser aconselhado pelo abade, apesar de não estar convencido de sua importância e de se sentir muito à vontade na companhia do barulho das panelas e de seu canto.

Isso me parece familiar. Antes de me tornar monge, durante a faculdade, passei muitos anos refletindo sobre o caminho da minha vida, cometendo o erro de querer decidir meu futuro baseando-me exclusivamente na racionalização, em vantagens e desvantagens. Eu me sentia atraído pela vida monástica, especialmente quando visitava o meu mosteiro no qual atualmente habito. Sempre regressava porque o silêncio e a paz que daqui irradiavam me fascinavam. Eu nutria um ideal que, como ator fracassado e devido à minha natureza dramática e exagerada, mantinha em meus pensamentos – sempre imerso em mim mesmo, com o capuz sobre a cabeça e andando piedosamente pelo claustro do mosteiro –, e sempre afastado de toda e qualquer preocupação do dia a dia, e na companhia de anjos.

Além disso, eu não queria ter apenas 100% de certeza de que o caminho como monge era o certo para mim; eu queria ter 150%, ou, melhor ainda, 200% de certeza. A decisão deveria ser absolutamente clara e inquestionável. Se eu tivesse que tomar essa decisão sozinho e sem qualquer tipo ajuda, ela deveria ser absolutamente certa! No entanto, confesso que até hoje não encontrei esse tipo de certeza – exatíssima; nem em diante de momentos decisivos de minha vida nem quando se trata de tomar decisões de menor importância. Quando um confrade se encontrava diante da indecisão de se tornar monge, uma religiosa lhe disse: "Se o placar dentro de você estiver 51% x 49% a favor de se tornar monge, isso é maioria!"

O ator dramático dentro de mim aprendeu, porém, que um resto de incerteza sempre permanecerá. O importante é que, em determinadas ocasiões da vida, devemos tomar decisões, sem adiamentos. Foi o que fiz. Se eu simplesmente ficasse refletindo e analisando, jamais teria chegado a uma solução. Ou, como diz um confrade: "Desliga a cabeça e ouça a alma. Experimente o caminho". Nós só saberemos se aquele caminho é de fato o nosso se começarmos a segui-lo; somente sentindo o chão sob os nossos pés é que será possível descobrir se ele nos sustenta. Caso isso não ocorra, se constatarmos que aquele não é o nosso caminho, então deveremos procurar um outro. – Não podemos nos esquecer que os desvios também levam ao destino. Nós só descobriremos qual é o nosso caminho se passarmos a experimentá-lo.

No entanto, nisso tudo há um ponto importantíssimo: o caminho precisa ser percorrido com vontade própria. Tenho certeza de que eu não teria ficado tanto tempo no mosteiro – 19 anos quando escrevi este livro – e suportado tempos difíceis se não tivesse anseio pela vida monástica. O mesmo vale para o silêncio; eu não o observo pelo simples fato de que há regras no mosteiro que o prescrevem ou porque o monge deverá exercitá-lo como postura fundamental. Eu tento observá-lo porque estou consciente de sua importância para a minha vida.

As regras são importantes porque nos permitem experimentar algo que poderia nos passar desapercebido. No caso de nós monges, faz-se necessária uma estrutura que nos permita manter o silêncio, voltar para o nosso interior e manter contato privilegiado com o divino, sem que conversas e ruídos externos desviem constantemente a nossa atenção. Jamais deveremos obedecer às regras simplesmente porque isso é o que esperam de nós, seja qual for o tipo de vida que abraçamos.

O pequeno monge sente-se incomodado porque, embora busque devotamente o silêncio, não encontra sentido nele; de certa forma, o silêncio contradiz tudo aquilo que lhe agrada e se reveste de importância em sua vida. Diante disso ele decide se aconselhar com o abade. – Talvez ele ainda não tenha encontrado uma forma correta de silêncio para si mesmo...

Tenho experienciado durante todos esses anos como monge que existem formas diferentes de silêncio. Mesmo quando falamos podemos estar em silêncio, porque esse falar não nos afasta do nosso centro; ou melhor, esse modo de falar não nos desvia do sentido do silêncio. Mesmo quando estou no período de exercícios – dez dias de silêncio especial observado uma vez ao ano –, tenho uma conversa por dia com meu conselheiro espiritual. Nessa conversa, posso mencionar, por exemplo, ideias que surgiram em minha mente ou sonhos da noite anterior. Então, tentamos descobrir juntos qual a mensagem que a minha alma deseja transmitir nessas ocorrências. Essa conversa, no entanto, não me afasta de mim próprio, contribui para o meu processo de autocompreensão e não desvia a minha atenção.

Mas, contraditoriamente, algo barulhento pode estar revestido de silêncio. Há cerca de uma década administramos em nossa casa de hóspedes um curso de escultura. Com isso pretendemos apresentar aos participantes o lema beneditino *ora et labora* (reze e trabalhe) de forma prática, reavivando a tradição de artesanato do mosteiro. Nesses cursos, não impomos a regra de silêncio. Justamente por isso é fascinante ouvirmos o barulho rítmico de martelo e cinzel – mas só isso! Quando estão trabalhando, os participantes automaticamente ficam quietos. A ritmação do martelo os tranquiliza, conduzindo-os ao silêncio oral. São levados a perceber que não estão trabalhando a pedra, mas que a pedra está trabalhando eles. Inicia-se, assim, um processo interior; quando eles se calam estão possibilitando a ocorrência desse processo. Então, o barulho do martelo, em vez de atrapalhá-los, ajuda-os na concentração; são levados a se entregarem aos impulsos produzidos sobre a superfície da pedra. De modo surpreendente, essa cadência e harmonia interior normalmente pode ser apreciada sobre a superfície da pedra.

Silêncio pode ser também uma forma de falar ou até mesmo de gritar; por exemplo, quando duas pessoas não conseguem se entender. Em casos como esse, não há "silêncio voluntário", mas "silêncio agressivo".

Durante minha busca e pesquisa sobre o tema do silêncio descobri o que me leva a apreciá-lo. Numa retrospectiva, pude perceber o quanto rotinizo a minha vida, permitindo que o trabalho me domine, levando-me a preencher cada minuto com alguma tarefa para poder cumprir com minhas obrigações. Então reconheci que eu me tornei monge justamente para não ter que viver assim! Como é fácil cairmos na rotina, desistirmos de ideais, acreditarmos apenas no possível, perdendo, assim, a coragem de alimentar nosso anseio.

Em vista disso tomei a decisão de privilegiar diariamente momentos de silêncio. E que isso era perfeitamente possível, bastaria descobri-lo e colocá-lo em prática.

A maneira que encontrei foi essa: ao acordar, levanto-me absorvendo conscientemente o silêncio daquela manhã, sem ter a necessidade de me apressar. A seguir, olho-me com calma no espelho, e me pergunto: Como eu me vejo? Como olho para o mundo? Eu tive algum sonho que ainda está me acompanhando? Às vezes, eu o anoto para poder me lembrar dele mais tarde e investigar seu significado.

Então me dirijo à igreja para fazermos a nossa oração comunitária. Apesar de recitarmos os salmos, essa oração da manhã preserva o silêncio e o aprofunda. O ritmo pelo qual os salmos são recitados passa a determinar a minha respiração e me conduz a uma profunda paz. – O pequeno monge tenta fazer o mesmo quando reza os salmos em silêncio. Em teoria, nós monges poderíamos também passar 45min em silêncio, percebendo o ritmo de nossa respiração e sentindo como isso leva à paz interior.

Outra ocasião especial é o silêncio que observamos após a oração da noite de sábado, quando os sinos de nossa igreja são tocados para anunciar o início do domingo. – Segundo a tradição judaica, o dia seguinte começa com o "nascer da estrela". Nós adotamos essa tradição e nosso domingo passa a ter início na noite de sábado. Na oportunidade eu reservo 10min para caminhar silenciosamente pelo claustro, me dirigir ao jardim e introjetar o início do domingo: um dia dedicado ao descanso, à oração, a Deus e à memória de que Jesus ressuscitou dentre os mortos e vive. Também nesse dia tenho oportunidade de me encontrar de um modo todo especial com a minha vida, com o que realmente sou. Segundo C.G. Jung, o famoso psicólogo suíço, Je-

sus é a imagem primordial do ser humano que vive em harmonia consigo mesmo, e uma pessoa harmoniosa consigo, verdadeiramente está equilibrada em sua verdadeira natureza, com o fundamento divino dentro de si. O silêncio nos possibilita essa vivência.

Cotidianamente também experiencio pequenos momentos de silêncio; por exemplo, no caminho de minha cela ao escritório. Nessas ocasiões prefiro passar pelo jardim, e não pelos corredores do mosteiro. Sinto o ar fresco, inspiro e expiro conscientemente algumas vezes; ouço o canto dos pássaros, o murmúrio das árvores, o barulho da chuva. São esses momentos que me dão a certeza de estar certo no estilo de vida que escolhi para mim.

Mas o estilo silencioso de viver exige diariamente de mim um sim voluntário. Frequentemente esqueço disso e outra pessoa precisa chamar minha atenção ou o "meu monge interior precisa gritar".

Mesmo que exista dentro de mim um anseio pelo silêncio, isso não significa que o caminho para vivê-lo ou satisfazê-lo sempre seja fácil. Isso pode ser equiparado ao relacionamento familiar; às vezes uma pessoa me diz que em determinados momentos da vida o que ela menos quer é ficar com o/a esposo/a. O relacionamento torna-se cansativo; um mesmo problema é discutido interminavelmente, sem que se chegue a alguma solução... Mas também nesse mesmo relacionamento o/a cônjuge deseja ficar, sem sombra de dúvidas, com aquela pessoa. De modo semelhante, há ocasiões em minha vida que eu desejaria estar em qualquer lugar do mundo, menos no mosteiro. Quando isso ocorre eu me sinto só, triste e abandonado, ansiando estabelecer contato com outra pessoa; quero sair correndo, mergulhar no barulho da cidade, numa discoteca lotada, conversar com as pessoas, não precisando me concentrar e permanecer em silêncio; quero subir ao palco, tirar o hábito, ser o centro das atenções durante uma única noite, não ser apenas um dos monges do mosteiro, fazendo apenas parte de um coletivo, mas alguém que se destaque. Mas... Muitíssimo provavelmente, isso não passa de uma manifestação do ator dramático que há em mim, e que, como sempre, está exagerando. Talvez bastasse uma ida ao teatro, desligar-me por algumas horas e mergulhar no mundo dos artistas.

Em outras ocasiões o silêncio se mostra absolutamente necessário em minha vida, até por questão de sobrevivência interior. Há dias em que ouço tanto sobre os medos e as preocupações de outras pessoas, que minha alma não consegue absorver mais nada. Tudo aquilo precisa ser primeiramente processado, e entrar em estado de silêncio, não absorvendo mais nada, pode ajudar. – Em nosso mosteiro convencionamos um sinal indicativo para as ocasiões em que de que não queremos conversar: cobrimos a cabeça com o capuz do nosso hábito. Então os outros monges sabem que aquela pessoa está imersa em si mesma.

Assim, também faço uso do silêncio como um modo de me desligar e processar a turbulência do dia. Ele, outras vezes, significa simplesmente cair na cama, mesmo que eu tenha planejado escrever em meu diário ou fazer uma caminhada. Há dias em que mal consigo tirar o hábito, escovar os dentes e expressar em forma de oração a confiança de que minha alma processará tudo durante o meu sono.

O pequeno monge toma a decisão de simplesmente experimentar o silêncio e ver para onde isso o levará. Como às vezes acontece comigo, ele fica triste e decide se aconselhar com o abade, pois a tristeza não pode ser o sentido do silêncio. – "Ninguém [diz São Bento] se perturbe nem se entristeça na casa de Deus" (RB 31,19).

De livre e espontânea vontade

Os padrões de São Bento para permitir que um monge passe toda a sua vida no mosteiro são altos, mas eles têm um sentido. Dentro de um ano, toda a Regra de São Bento deve ser lida três vezes por toda pessoa que deseja ingressar na vida monacal. Se ela achar que pode e quiser cumprir a regra, será acolhida na comunidade. Passará por um período de teste, que dura pelo menos 7 anos. Se, passado esse período, perceber que não consegue seguir a regra, poderá – ou melhor, deverá – deixar o mosteiro. Não porque os outros queiram se livrar dessa pessoa, mas porque a comunidade sabe que ela não será feliz nesse caminho. Por isso, deverá iniciar um novo caminho em liberdade e sem consciência pesada.

Vez por outra encontro pessoas mais velhas que escolheram uma atividade na Igreja porque foram convencidas por líderes espirituais ou por membros da própria família de que Deus as chamava para aquela função. O mesmo pode ser dito em relação às chamadas profissões seculares; uma grande parcela de pessoas escolheu/lhe sua profissão a partir de expectativas alheias, não seguindo sua própria voz. Seguiu/gue seu caminho sem consentimento próprio. Essas decisões involuntárias não poderão ser bem-sucedidas.

Na Igreja Católica, a decisão de seguir uma forma de vida é considerada inválida se não for tomada voluntariamente. Uma pessoa que não faz ideia de que as regras da vida monástica possam ter um sentido mais profundo e também não optarem por ela voluntariamente não será feliz.

Dentre as regras que se aplicam a nós monges e que somos obrigados a seguir estão aquelas que se referem ao silêncio. Há espaços nos quais não devemos falar; por exemplo, na sacristia, onde se prepara para a celebração da missa. Também existem horários de silêncio, principalmente depois das Completas (oração da noite) até a Vigília (primeira oração do dia). A área onde estão nossos aposentos também deve ter silêncio total. Ali os monges deverão encontrar condições propícias para praticar a paz, encontrar silêncio, recarregar as energias por meio da oração, confiar a Deus as suas preocupações... A comunidade monacal precisa de regras claras, porque nós monges também somos seres humanos e precisamos delas para nos lembrar do valor do silêncio.

Cada comunidade também possui as suas regras, e todos os visitantes deverão aceitá-las durante sua estada nela.

Às vezes, porém, o silêncio é ordenado; os hóspedes podem ser surpreendidos pela ordem de não falarem durante as refeições. Talvez eles tinham a expectativa de aproveitar a ocasião para conversar com outros hóspedes, possivelmente amigos ou conhecidos que não viam há mais tempo. Outras vezes, o silêncio é preenchido por música, porque os anfitriões percebem que o ficar calado à mesa pode ser difícil e trazer desconforto para alguns dos hóspedes. Nesses casos, a preocupação do momento é o bem-estar dos hóspedes, não se desconsiderando a importância do silêncio para eles; de nada adiantaria se mantivessem externamente o silêncio mas internamente não se mantivessem silenciosos e satisfeitos.

O silêncio deveria ser abraçado como um ideal; jamais deveria ser uma obrigação autoimposta, mesmo sabendo que não poderíamos cumpri-la. Meditação e silêncio não deveriam ser exercícios que nos causassem tensão e exigissem de nós esforços excessivos; na verdade, deveriam nos ajudar a relaxar, e não nos colocar sob pressão ainda maior. Quando notamos que períodos de silêncio e meditação não nos fazem sentir bem, então precisamos investigar sua causa. Seria porque eles fazem emergir sentimentos desagradáveis ou coisas reprimidas estão tentando vir à tona? Nesse caso, seria melhor suportarmos o estado de inquietação porque ela poderia estar indicando a irrupção de algo novo em nossa vida.

Porém, é possível que o silêncio e a meditação não sejam o caminho para muitas pessoas. No mosteiro percebo hóspedes que aparentam estar imersos em si mesmos mas não se sentindo relaxados. Também há pessoas que se mostram relaxadas, mas não são autênticas.

É preciso reconhecer que nem todas nasceram para o silêncio na forma como o conhecemos. Algumas conseguem se aproximar mais de si mesmas e encontrar a harmonia com sua essência quando estão na natureza ou vivem intensamente sua criatividade. Nessas particularidades pode estar contido um grande senso de silêncio. Para ilustrar, tomo como exemplo o famoso escultor Auguste Rodin. Antes de adquirir fama ele se tornou membro da Ordem Beneditina; ali seu talento já se evidenciava. Os monges sugeriram sua saída; não porque quisessem se livrar ou não gostassem dele, muito pelo contrário. A comunidade monástica tinha um grande apreço por ele, e por isso mesmo considerou que o mosteiro não era o local ideal para que Rodin pudesse desenvolver seus talentos. Certamente ele não teria sido feliz se tivesse ficado e se esforçado para se enquadrar numa estrutura que não lhe permitiria seu pleno desenvolvimento como artista.

Não é fácil reconhecer e aceitar que um caminho não é viável, que é preciso desistir de algo realmente desejado. O pequeno monge também fez essa experiência.

O silêncio possui muitos rostos e muitas formas, não podendo ser encontrado apenas na meditação ou na ausência de fala. E esta também será uma experiência do pequeno monge.

"Apresentando-se alguém para a vida monástica, não lhe seja concedido fácil ingresso [...]. Sejam-lhe dadas a conhecer, previamente, todas as coisas duras e ásperas pelas quais se vai a Deus. Se ele perseverar em sua estabilidade, depois de decorridos dois meses seja-lhe lida por inteiro esta regra, e lhe sejam ditas estas palavras: Eis a lei sob a qual queres militar; se podes observá-la entra, mas se não podes, sai livremente".

RB 58,1;8–10

Perguntas

O silêncio não deve ser algo forçado, mas praticado voluntariamente. Ele é a instância na qual encontro a mim mesmo e a harmonia. A seguir apresento um teste. Veja o tipo no qual você mais se identifica. Todos eles são igualmente bons, e você pode se identificar com mais de um deles.

❶ O "tipo almofada": Eu consigo me aproximar mais de mim mesmo quando medito pelo menos 25min por dia, sentado numa almofada e percebendo minha respiração.

❷ O "tipo atleta": Eu consigo me aproximar mais de mim mesmo quando me esgoto fisicamente, quando reduzo o estresse, corro em silêncio, e tudo isso em meio à natureza.

❸ O "tipo criativo": Eu consigo me aproximar mais de mim mesmo quando posso ser criativo, quando pinto, esculpo ou trabalho com madeira. Então minha mente se esvazia, eu me entrego às minhas mãos e me percebo.

❹ O "tipo conversador": Eu consigo me aproximar mais de mim mesmo quando converso com meu melhor amigo, minha melhor amiga, quando digo como estou, e assim consigo encontrar paz no coração.

Se você não se identificar com nenhum desses tipos, defina um outro para si.

Exercícios

 Depois de descobrir a qual desses tipos pertence, você perguntará a si mesmo com que frequência reserva tempo para o seu caminho do silêncio. Se perceber que só consegue fazer isso em ocasiões raras, interrogue o porquê. O que o impede de dar esse tempo precioso a si mesmo.

 Planeje realisticamente um tempo para ser reservado ao silêncio. É melhor planejar uma vez por semana do que duas vezes por dia. Há pessoas que fracassam por causa de seus ideais espirituais exagerados.

 Coloque um dado sobre a sua escrivaninha, em casa ou no trabalho. Sempre que você ficar estressado com o barulho ou com a agitação à sua volta, pegue o dado e jogue-o. O número que ele lhe mostrar indicará os minutos de silêncio que você fará. Você poderá se levantar da cadeira para se locomover um pouco ou permanecer sentado, inspirando e expirando profundamente. Observe o efeito desse exercício!

Depois da missa, o pequeno monge tomou coragem e foi até a cela do abade.

"É fácil para ele falar sobre o silêncio [disse o pequeno monge para si mesmo]. Sua cela é afastada e raramente alguém passa por ali. Ele também não precisa ir ao mercado fazer compras."

Quando estava prestes a bater à porta o abade a abriu, olhando amigavelmente para ele. O pequeno monge se curvou diante dele e disse: "Pai abade, peço uma palavra sua". O abade acenou com a cabeça. "É por causa do silêncio", continuou o pequeno monge.

O abade saiu da cela, trancou a porta e pediu que ele o seguisse. Juntos foram até o refeitório e se sentaram à mesa grande.

"O que você sabe sobre o silêncio?", perguntou o abade.

"Ele é... silencioso", respondeu o pequeno monge, mas, na verdade, ele queria ter dito "triste" ou "entediante". E já que o abade parecia ter percebido isso, o pequeno monge acrescentou rapidamente: "Por que ele é importante? Para que ele serve? Eu não encontrei nada que me pareceu valioso nele. E por falar nisso, como algo que consiste apenas no fato de não haver qualquer outra coisa pode ser precioso?"

O abade se levantou e tirou um balde do armário.

"Vem!", ele disse, e os dois saíram para o jardim do mosteiro. O pequeno monge o seguiu. Viu quando o abade colocou três punhados de terra no balde, pegou o regador e acrescentou água à terra. Depois entregou uma vara ao pequeno monge e lhe disse: "Misture!"

O pequeno monge pegou a vara e obedeceu.

"O que você vê?", perguntou o abade.

"Tudo está em movimento, a terra se mistura com a água e a deixa turva", respondeu o pequeno monge.

"Muito bem" [disse o abade]. Agora vamos voltar e nos preparar para o almoço". O abade partiu em direção à igreja, e o pequeno monge ficou para trás um tanto perplexo.

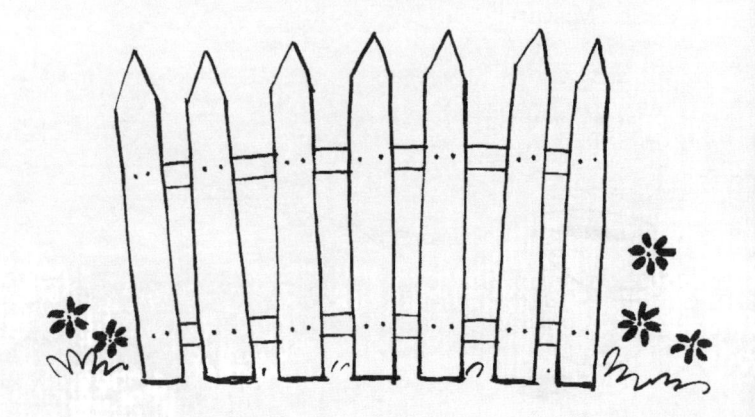

PERTURBAÇÃO DA PAZ

O pequeno monge viu como a água ficou turva quando a terra foi agitada. Ele deve ter sentido que o mesmo acontecera consigo: praticara o silêncio, como o abade havia sugerido, mas dentro dele a "terra" (os sentimentos) estava tão agitada, ele estava tão conflitado consigo mesmo, que não conseguiu desfrutar da paz, não tirou proveito daquela experiência nem vislumbrar vantagem alguma nela.

O mesmo acontece frequentemente comigo: entro em estado de silêncio e procuro a paz; quando a encontro, ela me conduz a mim mesmo. Mas então acontece algo que me afasta desse centro e me rouba toda a paz; são tempos agitados nos quais é impossível sequer pensar na palavra silêncio. Domina-me um único pensamento – Como posso aliviar a tensão no meu corpo? – acompanhado de sentimento – Eu não aguento mais, vou explodir!

Isso aconteceu comigo em um dos meus dias de deserto – Em nosso mosteiro, dia de deserto é um dia no qual tiramos folga para nos dedicarmos à nossa regeneração; nesse dia somos dispensados do trabalho e da oração comunitária, ficando livres para vivenciá-lo à nossa maneira: silêncio, oração, meditação, sono, estar junto à natureza...

Desde que percorri o caminho de Santiago tenho muito apreço pelos dias de deserto. Numa dessas oportunidades eu havia feito uma longa caminhada; eu a havia iniciado ao raiar do sol, pois queria aproveitar cada minuto do dia, desligar, reencontrar a mim mesmo, mergulhar no silêncio da natureza. Muito tempo havia passado desde o meu último dia de deserto, e não é difícil imaginar a alegria que eu estava sentindo. Quando estava descansando num banco, no meio da floresta, ao olhar para o lado vi no chão uma pena de gavião. Minha alegria aumentou ainda mais, pois acredito firmemente que determinadas coisas não acontecem por acaso, tendo um grande significado no aqui e agora. Aves selvagens sempre me fascinaram. Em minha infância eu gostava muito dos índios e sabia que o cocar deles era feito de penas de aves. Ambos – índios e penas – são símbolos de liberdade. E naquele dia de deserto eu estava realmente me sentindo livre; havia deixado para trás todas as minhas preocupações e mergulhara na natureza e no silêncio. Depois de algumas horas havia me aquietado; os barulhos externos não me chamavam atenção; eu estava em paz comigo mesmo. Então me perguntei onde poderia guardar aquela pena como lembrança. Os índios a colocam no cabelo. Como tenho cabelos longos, pensei que poderia prendê-la neles, mas certamente isso irritaria os meus confrades. Assim, decidi prendê-la num cordão e pendurá-la ao pescoço.

Grato por aquele dia que havia me reconduzido ao silêncio, iniciei minha caminhada de volta ao mosteiro. Em harmonia comigo mesmo, admirei o pôr do sol, o início do crepúsculo e o canto dos pássaros. Após passar um dia na natureza, minha pele fica – como dizemos em alemão; mais fina porque o silêncio me deixa mais sensível. É justamente quando estou nesse estado que costumam acontecer coisas que turvam minha harmonia interior, como a água no balde do pequeno monge. Ao longo do caminho encontrei um hóspede de nosso mosteiro. Ele me cumprimentou amigavelmente e fez um comentário sobre um dos meus livros; agradeceu-me porque nele está escrito sobre a misericórdia de Deus, e que nós, como cristãos, também deveríamos praticar. Até aí, tudo bem. Mas então disse: "Na teoria, isso soa tudo muito bem" – eu pressenti que depois viria um "porém".

O meu mau pressentimento se confirmou. Antes que eu pudesse lhe dizer algo, o hóspede começou a se queixar da Igreja, alegando que ela deveria ser muito mais misericordiosa e passou a citar experiências de outras pessoas que tinham vivenciado a Igreja como instituição sem misericórdia. Quando eu lhe disse que eu não poderia comentar sobre aquilo por não conhecer os fatos e as circunstâncias, e que acreditava ser o meu dever viver a misericórdia de maneira autêntica em minha própria vida, ele não se acalmou. Muito pelo contrário, insistiu em repetir sua teoria e foi se irritando cada vez mais. Só com muito esforço consegui encerrar a conversa e continuar meu caminho, sozinho.

Enquanto caminhava percebi que a irritação daquele homem tinha alcançado a minha alma, deixando-me agressivo; eu estava agitado e com bastante raiva. O dia tinha sido maravilhoso, e aquela pessoa conseguira destruir tudo, afastando-me do meu centro com suas acusações e impertinência.

Então tentei descobrir por que seu comportamento e suas palavras haviam me deixado tão agressivo. De um lado, eu estava irritado com a Igreja que, caso o homem estivesse certo, deveria ter agido de outra forma. De outro, eu estava irritado porque ele tinha estragado o meu bom humor. Além disso, eu estava irritado por ter encontrado essa pessoa, por ter sido alvo de toda a sua irritação, mas também por ter permitido que ela atingisse a minha alma. Vivenciei algo semelhante quando, após voltar de um dos períodos de exercícios, um confrade me disse: "Estou procurando você há dias. Onde você se escondeu? Precisamos conversar com urgência. Tenho um problema e preciso de sua ajuda". Após ele relatar o seu problema, pensei com certa agressividade: "Qual é a pressa? Isso poderia ter ficado para amanhã. Por que ele teve que me incomodar com isso justamente agora? O mundo não está desabando e também não será salvo dessa forma. Se esse for o único problema, tudo está bem!" Talvez seja por isso que São Bento não quer que falemos demais e que falemos apenas o necessário. Ele sabe como tais situações podem nos afastar do nosso centro e, por isso, ele nos adverte a manter o silêncio.

Noto que nem sempre as situações e conversas difíceis ou as críticas me afastam do meu centro, principalmente quando sei qual é o meu papel numa conversa ou quando posso me preparar para ela. Isso acontece, por exemplo, quando algum dos nossos hóspedes agenda uma conversa de aconselhamento. Esse encontro exige que eu cumpra minhas funções como monge, tendo a tarefa e a obrigação de ouvir as preocupações e necessidades dele, até mesmo a sua irritação e frustração com a Igreja, que talvez tenham ficado represadas durante muito tempo e que agora precisam ser expressadas. O meu papel de conselheiro impede que eu seja atingido pessoalmente; nada do que ouço nessas condições tem a capacidade de me afetar.

Mas quando essas conversas me surpreendem porque não pude prepará-las, eu não tenho tempo de ativar uma função de proteção; a minha placa interna de "Pare!", que não permite que emoções negativas penetrem a minha alma, deixa de exercer sua função nessas ocasiões. Então pode acontecer que eu fique preso às minhas emoções e não consiga me libertar sozinho. Em vista disso, meu conselheiro espiritual sugeriu que, durante a primeira hora após a missa matinal, eu me desviasse de críticas. A missa me abre para uma outra dimensão da vida, abre minha alma para o céu, aquieta-me, torna-me mais sensível. Em momentos assim, a irritação – a minha própria ou a de outra pessoa – pode me atingir e ferir ainda mais. Sinto-me igualmente com raiva quando ocorre algo fora do que eu havia planejado. Por exemplo, quando um confrade me pede para substituí-lo como palestrante em um seminário realizado em nossa casa de hóspedes. Nessas ocasiões costumo pensar: "Por que devo salvar essa situação? Justamente eu? Vou fazer o papel de bobo mais uma vez?" Às vezes, essa irritação se agarra à minha alma e me acompanha durante todo o dia. Quando estou preso às minhas emoções, às agressões da minha alma, embora esteja fisicamente presente nas orações comunitárias, minha alma está ausente, destituída de paz e de silêncio.

Nessas situações procuro alguém a quem possa pedir conselhos; alguém que me conhece, suporta e me dê um *feedback*, assim como o pequeno monge pôde pedir ajuda ao abade. Um olhar objetivo de fora é a minha caixinha de primeiros socorros contra a autocompaixão.

No fim de meu dia no deserto – ainda preso em minha agressão e irritação – eu participei da oração da noite. Graças a Deus encontrei um confrade que tinha tempo para mim e que conhece bem os Padres do Deserto – vi-

viam no deserto egípcio como eremitas e são famosos principalmente por causa de seus escritos e que tratam do convívio com as emoções. Depois do jantar eu disse ao meu confrade: "Eu posso perguntar uma coisa?" "É claro, o que foi?" Então comecei a falar. Contei-lhe da minha irritação e como o hóspede tinha me afetado. "E o que você estava fazendo antes?", o confrade me perguntou. "Eu estava na natureza, estava fazendo uma longa caminhada e desfrutando do silêncio". Então o confrade sorriu. "Por que você está sorrindo?", perguntei-lhe, começando a ficar novamente irritado, porque achava que ele não estava me levando a sério. "Calma [ele disse]. Eu sorri porque sua experiência é típica. Consultando os Padres do Deserto e observando as pessoas com as quais converso descobri que, quando estamos em harmonia conosco mesmos, quando estamos ancorados na paz interior, frequentemente acontece algo que ameaça essa paz. Os Padres do Deserto chamavam isso de tentação ou provação". "Hum [eu disse pensativo, mas já um pouco mais calmo], você está me dizendo que é algo como uma prova, para ver se eu realmente assimilei? Se eu realmente estou em paz comigo mesmo? Mas o que devo fazer agora, neste momento em que me sinto preso em minhas emoções, prestes a explodir?" O confrade respondeu: "Você está aqui, na minha frente, com a pena de um gavião. Ela lembra a você de sua liberdade! Em sua alma, você está livre! É preciso saber que seus sentimentos são uma parte de você, mas não são tudo; você é muito mais. Você pode estar irritado, mas sua irritação não é você. Você pode ser agressivo, mas você é mais do que a sua agressão! Você é você. É um monge bacana. Hoje, você seguiu o chamado de seu anseio, ouviu sua voz interior, percebeu que estava precisando de uma pausa e se tratou com atenção. Ninguém pode tirar essa experiência de você. Se as emoções voltarem a se apoderar de você, lembre-se de disso. No ponto mais íntimo de sua alma, você está sempre em harmonia, lá sempre domina a paz. Lá você está livre!" Depois de terminar de falar, meu confrade seguiu seu caminho. Então eu decidi sempre levar comigo a pena do gavião; a partir daquele momento ela sempre me conectaria com essa lembrança. Se alguém me irritar ou atacar verbalmente, simplesmente levantarei voo internamente, distanciarei de palavreados e barulhos e ouvirei minha voz interior. Então, a energia do outro que despertar as emoções dentro de mim simplesmente se dissolverá se eu não lhe oferecer um lugar em minha alma.

No fim daquele dia, ao entrar em minha cela, abri a janela e o ar quente da noite de verão entrou. Sentei-me em minha poltrona e desfrutei do silêncio. A pena estava em minha mão e o hóspede que tinha me irritado estava muito longe dali.

Como lidar com as emoções

Por inspiração dos Padres do Deserto, o convívio com as emoções é um tema constante na vida dos monges. Ao meditarem no silêncio do deserto, aqueles Padres costumavam vivenciar como imagens e sentimentos surgiam em sua mente: raiva, ódio, inveja, ciúme, ganância – sentimentos profundamente humanos que atacam não só os monges. São Bento aconselha a "quebrar imediatamente os maus pensamentos e revelá-los a um conselheiro espiritual" (RB 4,50).

"Quebrar imediatamente os maus pensamentos" soa estranho ao ouvido moderno. Talvez nem chamaríamos de "maus" os pensamentos e sentimentos citados. Mas São Bento pretende chamar a atenção para o fato de que tais sentimentos podem corroer o ser humano. Por exemplo: quando uma pessoa é constantemente ciumenta e invejosa porque o outro tem mais ou é melhor em tudo, isso, uma hora ou outra, acabará afetando-a; ela passará a não sentir prazer pela vida e passará a reclamar de tudo e de todos. Atualmente, em vez de "quebrar", poderíamos utilizar as expressões "não devemos dar corda" ou "não alimentar" determinados pensamentos e sentimentos, para que eles não se transformem em uma espiral e passem a dominar nossos pensamentos. Também em vista disso, São Bento escreve em sua regra que o monge não deve odiar ninguém, não deve ser ciumento, não deve agir com base em ciúmes e não deve alimentar o conflito. Ele sabe o que pode acontecer quando as pessoas não controlam suas emoções: causam grandes danos aos outros e a si próprias. Se, ao invés de alimentarmos sentimentos destruidores, olharmos para Cristo – a imagem perfeita de homem – poderemos comprovar em nossa vida aquilo que meu confrade expressou: "Eu sou mais do que meu sentimento"; quando conseguirmos nos distanciar das emoções que surgem dentro de nós poderemos encontrar a paz.

Para ilustrar isso, recorremos na meditação à imagem de uma montanha e de nuvens; estas são os pensamentos e os sentimentos. A pessoa que medita é a montanha. Assim como as nuvens passam pelas montanhas, a pessoa que medita permite que os sentimentos e pensamentos também passem; ela não lhes dá atenção.

Experimente você mesmo. Quando estiver meditando, imagine que você é uma montanha. Você está sentado numa cadeira ou numa almofada; concentra em sua respiração e permite que os seus pensamentos e sentimentos apareçam e desapareçam. Você não os segue; sua atenção está concentrada na respiração. Então você pode sentir como isso acalma. Se você tiver outras imagens que o ajudem a não se prender aos pensamentos, poderá usá-las em sua meditação. O importante é que elas façam sentido para você, ajudando-o a sair do carrossel de pensamentos e a encontrar a paz.

"Não odiar a ninguém.
Não ter ciúmes.
Não exercer a inveja.
Não amar a rixa."

RB 4,65–68

Perguntas

O que "turva" a água em seu balde? O que irrita você? O que desvia sua atenção? Quais são os pensamentos que o perseguem? Quais são os pensamentos que você alimenta?

O que "derruba" você? O que o afasta de seu centro?

Com quais sentimentos você tem dificuldades de lidar? Quando eles ocupam sua mente a ponto de o afastarem de seu centro, de sua paz?

Exercícios

 Se houver alguma coisa ou pessoa em sua vida que o deixa com raiva ou provoca irritação, não aja e reaja enquanto esse sentimento for dominante em você. Também não reaja imediatamente a uma notícia que deixe você irritado ou com raiva; seja por e-mail, WhatsApp ou telefone. Antes de reagir, tente distanciar-se de seu sentimento. Faça algo bem prático como cozinhar, lavar louça, arrumar a casa.

Muitas vezes uma noite de sono ou uma conversa com outra pessoa também ajuda.

 Esteja sempre ciente do fato de que você é mais do que o seu sentimento. Quando perceber que as emoções estão tentando dominá-lo, que está perdendo o controle sobre elas, procure um lugar calmo, respire fundo, perceba sua respiração e diga para si mesmo: "Eu sou mais do que o meu sentimento!" Repita essa frase até sentir que suas emoções estão se acalmando. Se durante uma conversa ou numa situação da qual você não pode fugir surgirem sentimentos como raiva ou irritação, tente se concentrar em sua respiração, tente percebê-la e diga a si mesmo: "Eu sou mais do que o meu sentimento!"

 Depois de se acalmar, você pode se perguntar o que o deixou tão irritado. A outra pessoa o magoou? Você foi tratado de forma injusta? Em casos assim, uma conversa com uma pessoa próxima, que vê a situação de fora, não está emocionalmente envolvida e tem uma visão mais clara, pode ajudar. Após encontrar uma resposta à sua pergunta, você poderá conversar com a pessoa que provocou essa agressão, discutindo o assunto com calma e objetividade.

Decepcionado, o pequeno monge voltou para a cozinha. Essa tinha sido toda a instrução? Ele tinha esperado um pouquinho mais; afinal de contas, o tema não era fácil! Para desviar sua atenção, ele começou a cortar tomates para a salada e ferver água para o macarrão. Quando a comida estava pronta, o sino chamou para a oração do meio-dia. Como ele estava feliz por poder voltar a cantar!

Depois da oração, todos se reuniram no refeitório para o almoço, e quando o último prato tinha sido tirado da mesa, o abade chamou o pequeno monge: "Vamos dar uma olhada no balde e ver o que você encontrará agora!", ele disse.

Eles saíram para o jardim, e o pequeno monge ficou surpreso: "Pai abade, olhe! A água se acalmou e está totalmente clara, a sujeira se assentou, e consigo ver o fundo!"

O abade concordou com um aceno da cabeça: "Agora você conhece o valor do silêncio. É apenas no silêncio que conseguimos enxergar o fundo". O pequeno monge olhou perplexo para ele, e curvado diante do abade e abrindo a boca para lhe agradecer, o abade disse: "Depois da oração da noite, volte comigo mais uma vez para o jardim". O pequeno monge levantou as sobrancelhas, mas apenas concordou sem dizer uma palavra e se curvou mais uma vez diante dele.

SEM PÂNICO!

O pequeno monge reagiu com surpresa. Ele constatou que a sujeira se assentou. Isso só pôde acontecer porque a água tinha se acalmado. Agora ele conseguia enxergar o fundo.

Há alguns anos tive uma experiência na qual vivenciei algo semelhante. No verão de 2015, eu estava no pequeno vilarejo de Mazzolla, na Toscana. Para mim, era um grande privilégio poder participar de um curso de escultura naquela paisagem maravilhosa, e era grato à minha comunidade por me oferecer essa oportunidade. Nesse curso, trabalhei numa pedra de mármore durante dez dias. – Mármore é um material muito duro e, por isso, desafiador. Durante esses dias, essa pedra me proporcionou muita alegria. Para mim, ficou cada vez mais claro que os temas que eu estava trabalhando nessa pedra eram "clareza" e "determinação". Por mais linda que essa pedra estivesse agora – pouco antes do fim do curso – havia um ponto nela que me irritava desde o início. Esse ponto não harmonizava com a estética e a forma da pedra como um todo. No entanto, desde que ela havia sido retirada da pedreira, esse ponto fazia parte dela. Juntamente com o professor decidi preservar esse ponto até o fim, para só então decidir como ele se encaixaria no todo e como ele deveria ser trabalhado. Infelizmente, a minha esperança de que essa pergunta se resolveria ao longo do trabalho e através das conversas diárias com o professor não se cumpriu. Por isso, com a aproximação do fim desses dias impressionantes, fui ficando inquieto. Outra palavra que descreveria esse sentimento adequadamente é "pânico".

Para o ator em minha alma essa era a oportunidade perfeita para um drama. A paisagem incrível da Toscana oferecia um palco maravilhoso para a minha alma: o sofrimento do artista obrigado a deixar inacabada a sua importante obra de arte. Graças a Deus, eu consegui não seguir esse caminho e pisei no freio a tempo. Mas eu estava agitado porque ainda não tinha encontrado a solução para aquela questão não resolvida. Evidentemente, eu sabia que existiam problemas mais importantes no mundo do que a minha pedra; para mim, porém, naquele momento tudo dependia da pergunta de como eu deveria terminar aquele trabalho. Esse problema precisava ser resolvido naquele momento. Para a minha surpresa, eu consegui dar o próximo passo com calma, tranquilidade e de forma nada dramática. Decidi sentar-me na frente da pedra ao nascer-do-sol do último dia do curso, meditar na frente dele, permitir que ela me inspirasse no silêncio da manhã e, então, quando o momento certo tivesse chegado, trabalhar o ponto inacabado. Assim, sentei-me na frente dela na manhã seguinte, fixei o ponto crítico, meditei e me concentrei em minha respiração. É claro que não fiz isso sem uma xícara de café. Naquele momento eu não estava mais pensando, eu simplesmente estava presente e calmo diante da pedra. Assim, a imagem de como ela deveria ser começou a se destacar. Em algum momento, a minha alma enviou um impulso para o meu consciente: "Agora!" Peguei martelo e cinzel e soube intuitivamente o que deveria fazer. O que aconteceu em seguida me surpreendeu: minha primeira batida foi tão certeira e também tão forte, que acabei tirando um pedaço maior da pedra do que tinha pretendido. Fiquei perplexo com aquilo que apareceu. De repente tive a sensação: é isso, agora a pedra está terminada. Essa perplexidade perdurou até o café da manhã. Fascinado, permaneci sentado diante da pedra que, com um único golpe, tinha adquirido a clareza que ela tinha exigido. Essa clareza tinha surgido dentro de mim não através de reflexão, mas da meditação e do silêncio, e tinha se expressado num único golpe de martelo e cinzel.

Não é somente nas férias, mas também no dia a dia que trabalhar com pedras me ajuda muito. Às vezes, essa atividade me acalma e ajuda a clarear minha alma. Pego uma pedra e começo a trabalhar nela com martelo e cinzel. O silêncio que cerca meu ateliê – pelo menos à noite – é agradável. Estou concentrado. O primeiro passo sempre consiste em retirar a pátina, no ritmo regular de martelo e cinzel, em sintonia com um ritmo que aquieta a minha alma. O passo seguinte afasta saliências supérfluas, para que a pedra se revele aos poucos em sua forma e clareza inerente. Quando trabalho em silêncio, a sujeira se assenta em mim e a alma fica menos turva. Então consigo enxergar de forma mais clara e profunda.

Creio que os Padres do Deserto tenham feito experiências semelhantes. Para eles, trabalho manual era uma prática diária. Com suas mãos eles produziam objetos que podiam vender; por exemplo, cestas. E isso lhes permitia a sobrevivência. Enquanto trabalhavam, eles recitavam de cor os salmos. Já que eles costumavam viver como eremitas, recitavam essas orações em silêncio. No ritmo de seu trabalho, apresentavam a Deus, tudo o que agitava e preocupava a sua alma: perguntas, dúvidas, aflições e preocupações. Eles se acalmavam porque conseguiam "esvaziar" a sua alma. Então,

conseguiam enxergar o fundo de sua alma, reconectar--se com ela e exercitar a confiança de que Deus segura e carrega tudo.

É justamente por isso que, nos mosteiros beneditinos, o trabalho manual é muito respeitado. Não se trata apenas de produzir objetos para a venda e manutenção dos mosteiros; mas esse tipo de trabalho também ajuda a esclarecer e formar a alma humana. Infelizmente, máquinas estão assumindo um número cada vez maior de funções e tarefas no artesanato, pois elas são mais eficientes e econômicas. O escultor que me ajuda a administrar os cursos em nosso mosteiro conta com entusiasmo sobre o seu tempo de aprendiz. Ele passava dias produzindo uma superfície plana na pedra. Era um trabalho desafiador, mas ele percebia também como lhe fazia bem esse trabalho com suas mãos. Hoje em dia, um escultor já não faz quase nada com as mãos; quase todos os trabalhos são feitos por máquinas apropriadas. Apenas os trabalhos mais delicados ainda são feitos a mão.

Mediante os cursos de "oficina" que oferecemos, nós monges queremos transmitir uma noção da qualidade do trabalho com as próprias mãos. Trabalhamos com pedra e madeira, com colagens e cores, e com muitos outros materiais – mas sempre com as mãos. No curso Cores da alma, por exemplo, exploramos as cores da nossa alma, que deseja ser liberta de várias sujeiras e brilhar de forma nova. O que sempre me surpreende nesses cursos é que, no trabalho criativo com as mãos, com cores, pincel, pedra e madeira, os participantes se esquecem do tempo, mergulham no trabalho, estão consigo mesmos, aquietam-se e adquirem uma visão cada vez mais clara ao longo do curso. O grande desafio é, porém, transportar essa experiência de silêncio, de clareza da alma para o dia a dia. Por mais valiosas que sejam essas pausas e interrupções, é absolutamente necessário experimentar o valor fundamental do silêncio também no dia a dia.

No meu caso, essa atividade manual é a limpeza do meu espaço de vivência. Sempre que faço isso, lembro-me de uma ocorrência durante a faculdade, quando passei alguns dias num convento franciscano para me preparar para os exames. Lá deparei-me com um frade limpando as janelas do convento, e passamos a conversar. Ele me disse: "Em algum momento, enquanto limpava as janelas, comecei a refletir sobre como adquirir uma visão clara". "Para que você precisa de uma visão clara? Você pode me dar um exemplo?", perguntei-lhe. "Às vezes, eu me questiono por que eu me tornei frade franciscano" [ele respondeu]. Quando a vida no convento me parece enfadonha (como, p. ex., nos dias de limpeza), preciso me lembrar da razão pela qual escolhi essa forma de vida. Isso me dá a força para cumprir também essa tarefa com responsabilidade até o fim. Ou quando discuto com um confrade, eu me pergunto por que esse conflito surgiu. Às vezes, transformamos uma mosca em elefante, um diz coisas feias para o outro e depois ficamos com raiva, apesar de sempre termos convivido bem. A alma fica agitada, passo a refletir sobre isso durante a noite toda e não consigo dormir. Assim que me conscientizo do mal causado, passo a limpar as janelas e depois procuro aquele confrade para lhe pedir perdão. Então, nos reconciliamos e rimos juntos porque ambos percebemos que não havia necessidade para brigarmos".

Lembro-me dessa conversa ainda hoje. Já que arrumar e limpar não são minhas atividades preferidas, a experiência daquele frade me ajudou muito a ver essa atividade com outros olhos e a reconhecer nela algo mais profundo, algo que vai além da limpeza. Hoje em dia, quando preciso limpar algo, sinto como as coisas dentro de mim se tornam mais claras, como a minha alma se livra do pó acumulado nela e como eu fico mais calmo e tranquilo. A limpeza continua sendo um trabalho que não gosto de fazer, mas ela me ajuda a me centrar, impedindo que eu me irrite por ter que fazer algo que não quero e, assim, afastando-me do meu centro.

Existem muitas ocasiões que nos possibilitam afastar do nosso centro no dia a dia. O meu escritório na casa de hóspedes, por exemplo, fica exatamente acima da pis-

ta de boliche. À noite, eles costumam se reunir ali para jogar. Se eu estiver trabalhando e precisar ficar concentrado na intenção, por exemplo, de aprofundar e anotar ideias para um livro, cada barulho que a bola faz na pista me perturba. Quando isso ocorre, meu grande desafio e responsabilidade é não dar espaço à minha irritação, não permitir que isso destrua a minha paz interior.

Isso me faz lembrar de uma jovem mulher que compartilhou comigo um acontecimento de sua vida que simplesmente não podia ser mudado. Juntamente com seu esposo, havia reformado a casa da fazenda de seus pais; e sua casa passou a ficar sobre a casa dos seus pais. Ela me contou que de sua casa era possível ouvir cada barulho feito na casa de baixo. Não conseguiam desfrutar de momentos de silêncio, pela manhã ou à noite; eles eram perturbados constantemente. Tudo isso a deixava com os "nervos à flor da pele"; jamais era possível encontrar um momento de paz.

Mas nem sempre são apenas ruídos e barulhos que nos irritam, deixando-nos nervosos e agitados. Quantas informações nos alcançam todos os dias por meio das redes sociais e mídias digitais? Quando entramos na internet e buscamos uma informação aparecem primeiro anúncios antes de recebermos a informação desejada.

Quantas mensagens de amigos, quantas informações, quantos e-mails e quantos telefonemas recebemos? E todos que nos mandam uma mensagem exigem a nossa atenção, uma resposta imediata. Até há algum tempo as comunicações eram feitas por carta, que precisava de no mínimo um dia para chegar ao destinatário, no mínimo mais um dia para ser respondida e no mínimo de um dia para voltar para o remetente. Hoje o remetente já fica nervoso se ele não receber uma resposta dentro de meia hora. Cada mensagem e cada e-mail que recebemos aumenta a nossa lista de afazeres, que nunca chega ao fim. Todos nós nutrimos o desejo de, no fim de um dia de trabalho, deixarmos a nossa mesa "limpa". As muitas exigências e expectativas diárias que temos podem provocar a agitação de nossos pensamentos, deixando-nos inquietos, irritados e estressados. Muitas vezes não sabemos o que fazer e qual das muitas exigências deve ser priorizada.

Certa mulher me contou que durante três anos se sentia inquieta, não conseguindo descobrir uma causa. Isso mudou quando ela se deu conta de que ela tinha adquirido um celular com acesso à internet exatamente há três anos. É possível entender a relação que ela estabeleceu entre os dois fatos: quase sempre levamos o celular conosco, e não existe mais hora no dia nem dia na semana em que mensagens não são enviadas. Por isso, precisamos estar sempre em "estado de prontidão": prontos para receber, ler e reagir a mensagens.

Outra mulher me falou de seu marido, que constantemente fica mergulhado em seu trabalho, sem conseguir deixar sua mesa "limpa". Ele, além da montanha de trabalho daquele dia, também se preocupa com a montanha de trabalho que precisará dar conta no dia seguinte, depois de amanhã... É uma pessoa psicologicamente estressada. Até mesmo aos domingos recebe e-mails relacionados ao trabalho. Ele decidiu que, pelo menos neste dia da semana, o laptop não será ligado e e-mails não serão lidos nem respondidos.

Este é outro aspecto do nosso dia a dia: não é apenas as atribuições do dia de hoje que nos deixam confusos; também tudo aquilo que não foi resolvido ontem ou que precisará ser feito amanhã pode nos deixar inquietos no dia de hoje. Simplesmente não sabemos como dar conta da montanha de tarefas a serem cumpridas.

Mesmo assim, cedemos à tentação da otimização e do aumento de desempenho, acreditando que podemos dar conta de mais outra tarefa. Nem percebemos que roubamos tempo de nós mesmos e que a nossa lista de afazeres nos afasta cada vez mais de nosso centro. E ainda nem falamos do tempo exigido pelas tarefas domésticas, pela educação dos filhos, pela resolução de conflitos no casamento e na família.

Como posso, apesar de tudo isso, reencontrar ou preservar o silêncio? Como posso acalmar o barulho dos pensamentos e não permitir que as emoções de medo e pânico me dominem? Como posso aquietar os pensamentos e as emoções para que eles possam se assentar, para que eu me acalme, alcance o fundo e encontre a mim mesmo, para que a água possa se tornar novamente clara?

Durante a nossa conversa, a mulher jovem que mencionei acima, teve a ideia de se levantar mais cedo, quando tudo ainda está calmo, e meditar no silêncio. Depois tentaria preservar o silêncio interior durante o dia, carregá-lo dentro dela mesma e distanciar-se internamente dos ruídos externos. Ela esperava que, assim, conseguiria não dar espaço à irritação causada pela perturbação de sua paz.

Uma participante de um curso criativo teve uma boa ideia para estabelecer essa distância. No curso *Meu lar*, ela fez uma escultura na qual acrescentou uma bituca de cigarro. Quando os participantes apresentaram suas obras uns aos outros, eu perguntei qual era o significado da bituca. Então ela contou que, durante o curso, ela tinha passado pelo posto de gasolina da nossa abadia. Lá ela viu a placa: "Acesso proibido". Para ela, o cigarro simbolizava essa proibição. Se um cigarro se aproximasse do tanque de gasolina, ele explodiria. Por isso, o cigarro representava para ela tudo o que não devia ter acesso a ela, reconhecendo nisso uma possibilidade de proteger seu lar interior: "Eu decido quem pode e quem não pode entrar. Alguns pensamentos, emoções, mas também pessoas ou preocupações, precisam respeitar essa placa: 'Acesso proibido'. Assim, essas coisas não conseguem perturbar a minha paz e o meu silêncio".

Gostei muito dessa imagem. Ela me convenceu também porque me diz que a responsabilidade é minha. Muitas vezes nós nos sentimos como vítimas das circunstâncias. Então assumimos a postura de que não podemos mudar nada e que precisamos dar um jeito de conviver com isso. Algumas pessoas se motivam com a expressão já lendária: "Eu consigo!" Nenhum de nós quer ser visto como fracote numa sociedade de desempenho e frustrar expectativas.

A imagem de acesso proibido pode nos tirar do papel de vítima. Ela nos lembra da responsabilidade que temos por nossa própria vida; não somos vítimas impotentes das circunstâncias. Essa imagem me remete à tradição beneditina.

O guardião

Quando a água se acalmou no balde do pequeno monge e a sujeira se assentou, o fundo se tornou visível. Para nós beneditinos, Deus é o fundamento da nossa vida. Nós acreditamos que Ele sempre está presente em toda parte. Isso vale também para o fundo da nossa alma. Por isso, cantamos diariamente o louvor a Deus na Liturgia das Horas. Como os Padres do Deserto, utilizamos os salmos para entregarmos a Deus tudo o que nos agita e preocupa. Nós lhe apresentamos nossas perguntas, dúvidas, aflições e temores. Na silenciosa monotonia dessa oração, nossas emoções agitadas se acalmam. Nós vemos o fundo e estamos em contato com Deus.

Mesmo que não esteja escrito em nossa regra, o lema popularmente atribuído aos beneditinos *"ora et labora"* ("reze e trabalhe") expressa a essência de nossa vida. Mas oração e trabalho não são unidades separadas, que nada têm a ver uma com a outra. A nossa oração deve continuar a ter o seu efeito também em nosso trabalho cotidiano. A paz que encontramos na oração, a alma aquietada... devem continuar no trabalho. O próprio trabalho pode e deve ser oração. Isso significa que, no melhor dos casos, o monge sempre está em harmonia consigo mesmo e não se deixa confundir e perturbar por inquietação interna, por medo e pânico, sempre sabendo que Deus está com ele e o carrega.

Sobre o dia a dia, São Bento diz que isso é "uma escola de serviço do Senhor" (RB, prólogo 45); ou seja: o silêncio precisa ser exercitado todos os dias; o dia em que eu começo meu caminho como monge não me "dá" o silêncio. Não é exatamente como eu imaginava antes de minha entrada para o mosteiro: caminhar em silêncio pelo claustro do mosteiro, imerso em mim mesmo, com o capuz sobre a cabeça, sentindo a presença de Deus – livre das preocupações do dia a dia e próximo dos anjos. Alguém cunhou uma frase que nos diz: "somos monges de exercício". Exercitamos diariamente como o silêncio pode ser preservado ou reencontrado no dia a dia.

Às vezes um hóspede pede espontaneamente uma conversa com um monge. Quando dizemos que isso não é possível naquele instante, alguns reagem com surpresa. Tenho a impressão de que eles imaginam que os monges passam o dia meditando em silêncio em sua cela, esperando que alguém queira conversar com eles.

Todos nós temos o nosso trabalho. Um monge é responsável pela administração, outro trabalha como jardineiro, outro é responsável pela casa de hóspedes, outro cuida dos nossos confrades idosos, doentes ou trabalha na escola como conselheiro, para mencionar apenas algumas das nossas atividades. Em todos os nossos campos de atividade, muita coisa precisa ser organizada e resolvida. Nós monges também podemos ser confrontados com uma longa lista de afazeres, ficar estressados e perder a paz interior.

Na tradição beneditina existe a imagem do "guardião", que pode ajudar quando corremos perigo de burlar o silêncio. São Bento cita em sua regra, no capítulo sobre o silêncio, o Sl 32, quando diz: "Façamos o que diz o profeta: 'Pus uma guarda à minha boca'" (RB 6,1). A princípio, ele se refere às palavras que são ditas. O guardião à boca deve prestar atenção nas palavras que são ditas e nas palavras que são desnecessárias.

Essa imagem do guardião pode ser aplicada também aos nossos pensamentos e emoções. Nós podemos colocar um "guardião interior" na frente deles. Isso pode significar que estamos cientes de que não somos impotentes e entregues às infiltrações do dia a dia. Cada um de nós é responsável por decidir quais emoções e pensamentos têm o direito de ocupar sua mente. Cada um decide se as muitas coisas que precisam ser feitas causam um barulho de pensamentos dentro dele, o inquietam ou se ele mesmo decide qual será a prioridade seguinte. O que importa é sempre e apenas o passo seguinte. Quando lidamos com nossos pensamentos e emoções de maneira tão clara e determinada, eles se acalmam e não nos agitam.

Tenho certeza de que precisamos do cuidado conosco mesmos e do guardião dos nossos pensamentos e emoções, se quisermos permanecer no silêncio. A mulher acionou esse guardião quando decidiu negar acesso a tudo que ela não queria dentro de si. E o guardião po-de ajudar também à mulher jovem cujos sogros fazem barulho o tempo todo. E também eu posso recorrer a ele quando eu estiver trabalhando no meu escritório e a pista de boliche me irritar.

"Façamos o que diz o profeta: 'Eu disse, guardarei os meus caminhos para que não peque pela língua: pus uma guarda à minha boca: emudeci, humilhei-me e calei as coisas boas'".

RB 6,1

Perguntas

Quando e onde você usa o celular?

Quando e o quanto você usa a internet?

Quando você pode interromper tudo e fazer uma pausa? Você acha que faria bem a si mesmo se você tivesse períodos sem celular; por exemplo, uma hora por dia?

Você costuma pensar nos próximos pontos de sua lista de afazeres enquanto ainda está fazendo outra coisa?

Exercícios

 Faça uma placa com a inscrição "Acesso proibido!" Pergunte-se antes onde você colocará essa placa: na escrivaninha, ao lado do computador, no armário na cozinha ou no bolso de suas calças? O lugar da placa determina também os materiais que você pode usar para confeccioná-la. Se você quiser levá-la consigo no bolso, talvez seja útil plastificá-la. Essa placa pode lembrá-lo sempre de que você não precisa perder sua paz e seu silêncio e que você é quem decide qual pensamento é importante.

 Pegue um balde e encha-o de areia. Se, em algum dia, você fez algo para deixar a água mais clara, para se livrar de sua irritação, para não se afastar de seu centro, meditou e preservou o silêncio interior, postou um guardião na frente de seus pensamentos e emoções, pegue uma pá e retire um pouco da areia. Defina um período (um dia, uma semana) em que pretende proceder dessa forma. Então encha o balde novamente e reinicie o processo. Perceba como você se sente melhor ao retirar a areia do balde. Reconheça seus progressos no fim de um dia, de uma semana e recompense a si mesmo com algo bonito.

 A fase dois desse experimento é para os mais avançados: não só retire areia do balde. Toda vez que você percebe alguma perturbação, quando você permite que os pensamentos e as emoções dominem você, devolva um pouco de areia para o balde. Quando algo foi esclarecido, retire um pouco da areia. Observe o caminho que você percorre.

Reconheça seu esforço de procurar meios em seu dia a dia de permanecer na concentração e no silêncio. Não julgue, respeite o caminho!

O pequeno monge completou as tarefas pelas quais era responsável naquela tarde: regou as cabeças de alface no jardim, cortou flores para o altar, varreu o refeitório, retirou a cera excessiva no pequeno altar de Nossa Senhora, e mal conseguia esperar a oração da tarde.

Depois de terem feito sua oração comunitária, os monges jantaram. Isso também demorou demais para o pequeno monge. No tempo livre entre jantar e oração da noite ele caminhou impacientemente pela cozinha, sentou-se, levantou e deu a volta na mesa da cozinha.

Após o término da oração o pequeno monge e o abade se encontraram no jardim do mosteiro. Aos poucos, a escuridão se deitava sobre eles. A lua nasceu e as estrelas apareceram.

"Venha, pegue sua vara e agite a água no balde!", disse o abade.

O pequeno monge fez o que lhe havia sido ordenado, pegou a vara e a girou no balde. "O que você vê?", perguntou o abade. O pequeno monge hesitou: "Está escuro, não vejo nada, pai abade. Nada além de água escurecida pela noite e agitada pela minha vara".

"Isso mesmo [respondeu o abade]. Agora cantemos um salmo junto a esse balde".

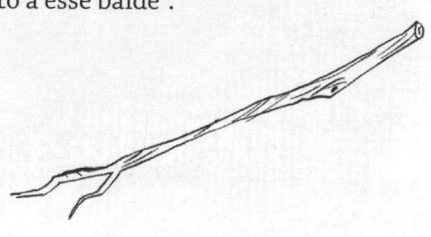

O pequeno monge estava acostumado com esse tipo de ideia do abade; por isso, não perguntou por seu sentido. Eles começaram a cantar e o jardim do mosteiro foi tomado pela melodia. Os muros do mosteiro ecoaram o canto e as estrelas no céu transformaram o jardim em uma grande catedral.

Era um salmo longo, mas o pequeno monge não se importou. Tampouco percebeu como o frio da noite aos poucos subia pelos seus pés. O encontro no canto sob as estrelas era lindo demais.

PRESENÇA QUIETA

Juntamente com o canto do salmo, as estrelas transformam o jardim do mosteiro em uma grande catedral; elas foram, de certo modo, o teto celestial para eles. A noite deixou escura a água no balde, mas é a noite que permite que as estrelas e a lua brilhem. – Um céu estrelado sempre me fascinou. É como um grande telhado que me protege. Sempre que contemplo o céu, sinto uma paz e um silêncio que me dão uma sensação de segurança.

Nas tribos indígenas, a lua, o sol e as estrelas eram adorados como seres divinos. Nelas, a lua era vista como avó e o sol como avô. Sempre que vejo o céu estrelado, lembro-me da promessa de meu Deus, que os cristãos chamam de "Pai", a Abraão. Deus lhe promete que seus descendentes serão tão numerosos quanto as estrelas no céu (cf. Gn 15,5). Também nunca me esquecerei de um confrade que, ao ver esse céu, disse: "Agora quero ver alguém que diga que Deus é mesquinho!"

O número infinito de estrelas e o céu vasto são imagens para a grandeza e vastidão de Deus. Sob seu céu estrelado há espaço para todos os seres humanos. Mesmo que isso me faça perder um pouco de meu sono, em noites claras eu gosto de sair para junto da natureza: quero sentir essa sensação de estar protegido no silêncio da noite. Às vezes, faço uma fogueira num local protegido. Eu me sento num banco, encho minha xícara com chá da garrafa térmica e passo horas sentado junto à fogueira, aquecendo-me contemplando o céu, apreciando o silêncio e me esquecendo do tempo. No silêncio dessas noites, sempre me lembro de uma das minhas passagens preferidas da Bíblia: a narrativa da sarça ardente. Nela Deus revela seu nome a Moisés: "Eu Sou Aquele que Sou" (Ex 3,14). Consigo perceber essa presença silenciosa de Deus sob o vasto céu estrelado e que estou protegido embaixo dele. Essa certeza me dá paz interior.

Às vezes, porém, é noite dentro de nós. Então a nossa alma fica escura, e nós não sentimos esperança alguma. A escuridão se parece com a água no balde do pequeno monge. Em situações assim surgem dúvidas, dominando o sentimento de que estamos totalmente sozinhos nesta terra. A nossa alma fica inquieta, nós nos sentimos agitados como a água no balde e as estrelas não conseguem se espelhar nela. Nós nos perguntamos: Qual é o sentido da nossa existência? Por que estamos aqui? Será que somos apenas pessoas pequenas e insignificantes neste universo gigantesco?

O abade convidou o pequeno monge para cantar o salmo tão maravilhoso na frente do balde escurecido pela noite. Talvez tenham cantado o Sl 23, que fala de modo tão fascinante do pastor e da natureza: "Meu pastor é Deus, o Senhor. Em verdes pastos me faz repousar e me conduz ao lugar de descanso junto à água. [...] Tu ungiste minha cabeça com óleo, meu copo transborda".

Para mim, são imagens que acalmam e afastam as dúvidas e incertezas: Deus é um pastor que nos vigia e que cuida de nós. Antigamente, expressávamos isso com um cântico junto à fogueira: "Sabes quantas estrelinhas há no céu azul? [...] Deus, o Senhor, contou todas elas, para que nenhuma se perca nesse grande número". Hoje em dia, isso pode soar um pouco infantil, mas a letra dessa música ainda me consola e fortalece a minha confiança em Deus.

O pequeno monge pode confiar nesse Deus, que é pastor; sob seu céu estrelado, ele está protegido. E Deus o convida a permitir que as estrelas espalhem seu brilho também no seu coração.

Essa luz também invade o nosso coração – aqueles lugares do nosso coração onde há escuridão. Quando sentimos que estamos afundando em nossas horas escuras, em nossas dúvidas, inseguranças e inquietações, essa luz pode nos iluminar, acalmar e esclarecer. Saber que estamos protegidos na grandeza e perceber a presença silenciosa do divino alivia a escuridão e a torna mais suportável. Sentimos isso quando contemplamos uma noite estrelada, mas também quando rezamos o Sl 23 no silêncio de uma noite e nos lembramos das imagens do Bom Pastor. Então a alma se sente protegida e suportada, podendo se acalmar.

Nem sempre, porém, podemos nos sentar junto a uma fogueira e contemplar o céu estrelado para encontrar essa paz. E nem sempre é noite de lua cheia. Nem sempre podemos fazer uma caminhada noturna, principalmente quando precisamos nos levantar muito cedo na manhã seguinte. Mas sempre podemos passar um tempo (mais longo ou mais curto) na natureza. Muitas vezes, ela é silenciosa e nos acalma.

Se eu passar por um riacho ou um lago, sinto que o silêncio sempre me lembra da água: posso mentalmente mergulhar nela; então, tudo fica silencioso como se eu estivesse debaixo d'água; estou totalmente presente, totalmente comigo mesmo, ouço apenas a batida do meu coração.

Mas quantas vezes as coisas são diferentes na prática! Lembro-me de tempos de oração nos quais minha atenção estava por toda parte; menos em mim mesmo, no silêncio. Em momentos assim, penso que não gostei do almoço e esperei que pelo menos o jantar fosse mais saboroso. Ou me perguntei por que meu confrade, que estava sentado ao meu lado precisava assoar o nariz o tempo todo ou por que o confrade que estava tossindo sem parar não tomava um xarope. Ou me irritei porque pouquíssimos hóspedes participaram das orações. "Meu Deus [penso em momentos assim], quantas coisas existem que me irritam!" Há confrades que têm e irradiam uma paz constante, que nunca se irritam e sempre são igualmente amáveis e educados, independentemente de como são tratados pelas pessoas. Eles passam a impressão de que estão sempre em paz, em silêncio e em harmonia. Muitas vezes, tenho inveja deles e me pergunto como conseguem ser assim.

Outro símbolo de silêncio e paz interior que encontro na natureza são as árvores. Quando estou perto de uma delas eu me sinto protegido e seguro. Muitas têm centenas de anos. Então me pergunto: Quão profundas são as raízes dessa velha árvore? Até onde elas chegam?

Quais calamidades, guerras, conflitos, tratados de paz "ela já presenciou"? Quantos votos de amor já foram ditos à sua sombra? Quantos pássaros já descansaram e se abrigaram nela? Quantos invernos e verões já passaram por ela? Nada conseguiu desarraigar essa árvore; suas raízes profundas e fortes lhe deram força e firmeza.

Para muitas pessoas a árvore é um símbolo da vida; quando buscam o silêncio no dia a dia, frequentemente dizem: "É importante sentir as próprias raízes e descobrir dentro de si a força para se erguer – também diante de resistências! Precisamos estar enraizados, mas também levantar-nos para o céu". Céu significa Deus, o divino ou um poder maior e protetor. Quando nos aquietamos e repousamos em nós mesmos, podemos resistir a tempestades externas. Muita coisa pode ser carregada e suportada e podemos oferecer proteção e apoio também a outras pessoas.

Quando caminhamos na natureza e prestamos atenção nela, podemos descobrir muitas belezas que nunca deixam de nos fascinar: borboletas e árvores, flores, campos e frutas, vastidão e profundidade. Especialmente quando a nossa alma está turva, a beleza silenciosa da natureza nos faz bem. Quando permitimos que o belo se espelhe em nossa alma, isso pode ter um efeito clareador. Podemos também trazer galhos ou flores da natureza e colocá-los em nossa casa, para nos alegrarmos com eles nos dias seguintes e nos lembrarmos da paz e do silêncio da natureza e de sua beleza.

Conversando certa vez com uma mulher, ela me contou que, sempre que não se sente bem, ela dá um valor especial à beleza. Ela volta sua atenção para os cuidados com seu corpo, roupas bonitas ou uma noite agradável. Às vezes, ela visita uma exposição, arruma o apartamento ou prepara uma refeição gostosa – coisas ou experiências lindas fazem bem à alma.

Eu sou

O fogo na sarça ardente revela a Moisés o nome de Deus: "Eu Sou Aquele que Sou". No silêncio de uma noite estrelada e sentado junto à fogueira eu me conscientizo dessa presença silenciosa de Deus; eu me lembro de que Ele é um poder protetor em minha vida. Mas, eu só sinto o poder tranquilizador da noite estrelada se estiver presente não só fisicamente: minha atenção precisa estar concentrada nela. Se eu quiser que a silenciosa presença divina se espelhe em mim, preciso estar presente no momento. Isso parece ser fácil e lógico, talvez até fácil demais. Na prática, porém, isso é tudo, menos fácil.

Nossos pensamentos costumam vaguear. Eles se despedem do presente e voltam para as últimas férias, preocupam-se com aquilo que precisará ser feito no dia seguinte o que não conseguimos fazer no dia atual. Esses muitos pensamentos causam perturbação do silêncio. Às vezes dizemos: Meus pensamentos estão a mil. Quando nos sentimos assim, isso é um sinal claro de que estamos pensando demais.

Deus é diferente; Ele simplesmente está presente. Se eu quiser percebê-lo como fundamento da minha vida, da minha paz e da minha tranquilidade, preciso estar presente no agora. É apenas neste momento que posso encontrar a paz e o silêncio interior que a presença protetora de Deus me dá.

Isso significa: estar no presente em paz e tranquilidade, apreciá-lo e fazer o que precisa ser feito agora; na Liturgia das Horas, por exemplo, mergulhar na paz do salmo, perceber a respiração calma durante a meditação, em vez de seguir os próprios pensamentos e se irritar com alguma coisa insignificante.

Em qualquer lugar no qual estamos – e não só na natureza – podemos sentir e perceber o chão sob nossos pés e dizer: aqui tenho um fundamento para a minha vida. Podemos fazer isso no supermercado, durante uma reunião, no trem ou no ônibus. Deixamos passar os pensamentos que querem nos tirar do presente, não lhes dando atenção; também precisamos fazer o mesmo quando estamos em meditação. Assim, nossos pensamentos se acalmarão porque não conseguirão nos confundir; devemos renunciar a pensar no que vem depois enquanto estamos fazendo algo.

São Bento fala disso em sua regra: "Com os olhos abertos para a luz deífica, ouçamos, ouvidos atentos" (RB, prólogo 9). Aqui ele descreve exatamente o que vivencia o pequeno monge quando canta o salmo com o abade e as estrelas brilham no céu sobre eles. Quando nos abrimos para a presença de Deus dessa forma, o silêncio significa simplesmente que não deixamos nos confundir por nossos pensamentos e que impedimos que coisas indesejadas entrem em nosso íntimo. Sabemos: Deus está aqui, sua presença em meu coração me dá paz e tranquilidade. Nós estamos protegidos sob seu grande céu estrelado.

Mas esse tipo de silêncio também significa que o pequeno monge e todos nós monges podemos conversar durante o trabalho. Nesse caso, porém, isso acontece a partir do silêncio do nosso coração, em harmonia com nós mesmos e com Deus. É aquilo que hoje chamamos de "autêntico". O que cantamos e dizemos em nada é artificial; não o fazemos para preencher um silêncio desagradável. Não é fofoca e não prejudica o outro. São palavras e cânticos de luz que nos dão esperança, que nos dão a coragem para o passo seguinte e que espelham um pouco da luz das estrelas.

> "Com os olhos abertos para a luz deífica, ouçamos, ouvidos atentos, o que nos adverte a voz divina que clama todos os dias: 'Hoje, se ouvirdes a sua voz, não permitais que se endureçam vossos corações'."
>
> RB, prólogo 9

Perguntas

Como você se sente no fim de um dia? Qual é a velocidade de seus pensamentos numa escala de 1 a 10, sendo que 1 é lenta e 10 que está "a mil por hora"? Observe e anote numa tabela. Se, ao longo de uma semana, a média for alta, você deveria fazer algo para voltar para o aqui e agora, para aliviar seu cérebro e reduzir o barulho dos pensamentos. Se isso for difícil para você, talvez um dos exercícios abaixo possa ajudá-lo.

Outra ideia que pode lhe ajudar a visualizar onde estão seus pensamentos é: desenhe um tabuleiro com campos diferentes: ontem, hoje, amanhã, férias, festas de família etc. À noite, pergunte a si mesmo: Onde passei a maior parte do tempo de hoje: no ontem, no presente, no amanhã, nas férias? Posicione figuras no respectivo campo ou faça um sinal nele. Se, depois de uma semana, você constatar que não passou a maior parte de seu tempo no "agora", um dos exercícios abaixo também pode lhe ajudar.

Exercícios

Se os seus pensamentos estiverem a "mil por hora", se não sabe como dar conta de todas as tuas tarefas e sempre está com seus pensamentos em outro lugar, faça algo diferente:

 Dê um passeio, aproveitando a natureza e o seu silêncio!

 Viaje no próximo fim de semana e aproveite a tranquilidade! Talvez queira conhecer uma cidade nova e descobri-la com curiosidade a cada momento. Você também poderá redescobrir a sua própria cidade, fazendo de conta que é um turista! Tente ver tudo como se estivesse vendo pela primeira vez ou pegue um mapa dela, visitando lugares nos quais nunca esteve. Tome esse tempo, mesmo que tenha coisas urgentes para fazer.

✦ Visite um observatório. Contemple o céu, deleite-se com a vastidão e saiba que você está protegido.

✦ Cultive e celebre a beleza! Prepare uma refeição gostosa, arrume seu apartamento ou compre algo bonito! Encontre sua paz nisso, saia de sua cabeça e entre na percepção de si mesmo e de vida! Celebre seu "eu sou".

✦ Vá para uma igreja, pegue o hinário e escolha um salmo. Recite-o em voz alta ou em silêncio, sinta o seu eco dentro de si e perceba a atmosfera e a paz protetora que surge em seu interior.

✦ Levante-se numa noite estrelada, vá para uma floresta ou um campo, contemple e se deleite com a beleza e a vastidão dele. Permita que a luz caia em seu coração e se reflita nela.

Após terem louvor o Pai, os dois se curvaram. Então o abade se voltou para o pequeno monge e disse: "Verifique o balde! O que você vê?"

O pequeno monge ficou surpreso: "Agora que a água acalmou, as estrelas se espelham nela!"

"Isso mesmo" [respondeu o abade com voz bondosa]. E o mesmo acontece com seu coração".

O pequeno monge concordou com a cabeça.

"Agora pegue o balde, ande com ele pelo jardim, mas tome cuidado para não agitar a imagem espelhada das estrelas!"

Com muito cuidado o pequeno monge levantou o balde, andou com ele do canteiro dos tomates até a porta do jardim, deu meia-volta e voltou. Ele teve muito cuidado para não agitar a água no balde.

"Você viu?" [perguntou o abade]. Você pode ir para onde quiser, você pode atravessar o barulho da feira, você pode falar, cantar, e mesmo assim preservar o silêncio no coração, que lhe mostra as estrelas".

O pequeno monge se curvou até o chão com muita gratidão.

Então voltaram juntos para o mosteiro, e quando o pequeno monge subiu a escada até a sua cela, colocou os pés cuidadosamente nos degraus, um pé após outro, para que as estrelas pudessem se espelhar na água clara do silêncio de seu coração.

FIQUE CALMO –
ALGUMAS DICAS PARA ENCERRAR

No início, o abade convidou o pequeno monge para re-descobrir o valor do silêncio. Agora o pequeno monge sabe que sempre há silêncio em seu coração. Nele se refletem as estrelas, a vastidão do cosmo e o senti-mento: estou protegido e sou sustentado. Nada preci-sa me confundir e perturbar a minha paz. Por isso, pa-ra encerrar, quero dar algumas dicas para preservar o silêncio, também em tempos barulhentos.

Talvez você conheça a seguinte brincadeira de sua in-fância: você recebe uma colher com um ovo cru nela. Juntamente com outros participantes, que também têm uma colher com um ovo, você precisa percorrer um cam-po até a marca da chegada, sem que o ovo caia. E tudo isso o mais rápido possível. O primeiro a cruzar a linha de chegada sem que o ovo caia, ganhou. Imagine algo semelhante com o silêncio: você o carrega numa ban-deja de prata como uma bola que não deve cair. A fim de conseguir isso, você poderá percorrer o dia de forma um pouco mais lenta, sentar-se à sua escrivaninha com uma postura reta e concentrada. Observe como você come para preservar o silêncio, para manter o equilíbrio.

Procure um objeto que faça-o lembrar do silêncio; por exemplo, uma pequena esfera, uma pedra especial, um anel, um colar. Sempre que você se sentir ameaçado de perder o silêncio e a tranquilidade interior, sempre que estiver em locais barulhentos, toque o objeto com sua mão e lembre a si mesmo: eu sou mais do que esse barulho. Eu vivo, eu respiro, eu estou presente; eu saboreio a minha existência, não permitindo que o barulho e a vida agitada roubem isso de mim. Eu sou precioso demais e a vida é preciosa demais para mim.

Se você estiver em lugares em que o barulho o irrita e o deixa agitado – estação de trem, aeroporto, trânsito etc. – volte seu olhar para as coisas bonitas à sua volta: flores, canto dos pássaros, pessoas com uma energia positiva... Ou compre alguma coisa que você goste – sorvete, chocolate... e aproveite. Não se perturbe ou inquiete, alegre-se com as coisas bonitas da vida.

O livro da felicidade

Joan Chittister

Joan Chittister é beneditina, autora *best-seller* e palestrante conhecida internacionalmente. Já participou de diversos programas, incluindo o da renomada apresentadora americana Oprah Winfrey. É defensora da justiça, da paz e da igualdade, especialmente, para as mulheres do mundo todo, e é uma das mais influentes líderes sociais e religiosas do nosso tempo.

Escreveu vários livros que buscam entender o ser humano em perspectiva existencial e religiosa, com linguagem sempre atual e vivencial. Essa nova obra tem a felicidade como tema central.

Para Chittister, a felicidade não é um derivado da riqueza ou do sucesso, mas uma qualidade pessoal a ser aprendida, regida e destemidamente exercida. Porém muitos, erroneamente, acreditam que a felicidade resulta de ter bastante dinheiro, fama, conforto, sucesso mundano ou até pura sorte.

Ao longo dessas páginas, Chittister desenvolve "uma arqueologia da felicidade" enquanto conduz uma "escavação" através da sociologia, biologia, neurologia, psicologia, filosofia, história e religiões, oferecendo *insights* inspiradores que ajudarão peregrinos de todos os lugares a aprenderem a cultivar a verdadeira e duradoura felicidade dentro de si mesmo.

Joan Chittister é autora também de *Para tudo há um tempo* e *Entre a escuridão e a luz do dia*, ambos publicados pela Editora Vozes.

A felicidade das pequenas coisas

Anselm Grün

A insatisfação com as coisas ou com outras pessoas geralmente tem uma causa mais profunda: a insatisfação com a própria vida. Você se concentra em tudo que não vai bem. Você tem sempre algo a reclamar. Claro, sempre há razões pelas quais você pode estar insatisfeito. E há coisas no relacionamento, na empresa, na história da própria vida que não são fáceis de aceitar. Mas isso também depende da sua atitude interior, de como você reage ao que confronta. Já a pessoa satisfeita concorda com a vida. Também já se queixou, já foi insatisfeita, mas rapidamente se acostumou e disse sim a tudo.

Nesse livro, Anselm Grün irá ponderar sobre os tipos de satisfação, o bem-estar perante a vida e aquela satisfação restrita de quem se concentra em si mesmo. Observará como diferentes atitudes e condições podem nos levar à satisfação. Somos felizes se somos satisfeitos, se estamos em harmonia com nós mesmos e com nossas vidas. Outra atitude é o contentamento. Contentamento é também simplicidade. O frugal se contenta com uma vida simples, e a satisfação tem forma de gratidão. Quem é grato por aquilo que Deus lhe deu, grato pelo que tem hoje, está de bem com a vida.

Autor reconhecido no mundo inteiro por seus inúmeros livros publicados em mais de 28 línguas, o monge beneditino **Anselm Grün**, da Abadia de Münsterschwarzach (Alemanha), une a capacidade ímpar de falar de coisas profundas com simplicidade e expressar com palavras aquilo que as pessoas experimentam em seu coração. Procurado como palestrante e conselheiro na Alemanha e no estrangeiro, tornou-se ícone da espiritualidade e mestre do autoconhecimento em nossos dias. Tem dezenas de obras publicadas no Brasil.